Irmgard Kirmer

EDDA MEYER-BERKHOUT

Pfannkuchen, Crêpes und Omelettes

*Leichte, duftige Delikatessen
süß und sauer*

Originalausgabe

WILHELM HEYNE VERLAG

MÜNCHEN

HEYNE-BUCH Nr. 4314
im Wilhelm Heyne Verlag, München

Copyright © 1981 by Wilhelm Heyne Verlag, München
Printed in Germany 1981
Umschlagbilder: Fotostudio Teubner, Füssen
Illustrationen: Sylvia von Braun, München
Umschlaggestaltung: Atelier Heinrichs & Schütz, München
Satz: Schaber, Wels/Österreich
Druck und Bindung: Ebner Ulm

ISBN 3-453-40298-7

Inhalt

Einleitung 7
Zutaten 11
Pfannkuchen oder Eierkuchen? 18
  Der Teig 20
  Das Aufbewahren von Pfannkuchen 23
  Grundrezepte 25
  Pikante Variationen 30
  Die Süßen 44
Crêpes 53
  Der Teig 54
  Crêpepfannen 55
  Grundrezepte 58
  Crêpes falten 62
  Pikante Variationen 65
  Crêpe Suzette und andere 86
Omeletts — mit und ohne Schneeschlägerei 100
Internationale Spezialitäten 131
Register nach Sachgruppen 154
Alphabetisches Register 157

Alle Rezepte sind, soweit nicht anders angegeben, für 4 Personen berechnet.

Abkürzungen:
EL = Eßlöffel
TL = Teelöffel

Einleitung

Nahrungsmittelhistoriker behaupten, daß Pfannkuchen und ihre Verwandten zu den ältesten Speisen der Welt gehören. Sehen wir uns die Geschichte etwas genauer an.

Wir wissen alle, schon in vorgeschichtlicher Zeit wurde Korn, also Roggen, Weizen, Hafer, Hirse oder Buchweizen, mit Hilfe von Steinen oder mörserähnlichen Geräten zermahlen und mit Wasser zu Brei angerührt. Auf heißen Steinen gebacken, entstanden daraus flache Gebilde, die als Fladen, also eine Art Brot, verspeist wurden. Es ist nun durchaus denkbar, daß man gar nicht sehr lange dazu brauchte, um zu entdecken, daß diese Brote, soweit sie sehr dünn gebacken und auf Stangen zum Trocknen gehängt wurden, sehr haltbar waren. Noch heute werden in Norwegen, Schweden und Finnland derartige runde Flachbrote verkauft, als Knäckebrot kennen wir es alle. Auf der anderen Seite merkten aber die Menschen bald, daß die Mischung durch Zugabe von Eiern verbessert werden konnte. Frisch, ja heiß direkt von den Steinen oder den flachen, eisernen Bratformen, den Pfannen, gegessen, mundeten sie vorzüglich. Das waren die ersten Pfannkuchen.

Ob wir sie Pfannkuchen oder Eierkuchen nennen, darüber möchten wir uns nicht streiten. Das sind landschaftliche Unterschiede, die eigentlich gar nichts mit der Zusammensetzung des Teiges zu tun haben. Er besteht immer aus Mehl, Eiern und Flüssigkeit, die entweder aus Milch, Wasser oder Mineralwasser besteht oder aus einer Mischung dieser Zutaten gemixt wird. Dazu kommen nach Rezept und Laune meistens Salz, zuweilen etwas Zucker und gelegentlich andere Aromaträger.

Was bei uns in Deutschland als Eierkuchen oder Pfannkuchen nicht nur bei Kindern zu einem der beliebtesten Essen gehört, ist in anderen Ländern nicht weniger populär. In England gehören *pancakes* zur traditionellen Bewirtung am Faschingsdienstag, wahrscheinlich, weil es Epochen gab, während der in der nachfolgenden Fastenzeit weder Eier noch Milch konsumiert werden durften. Und da bereitete man am Faschingsdienstag aus den Resten eben Pfannkuchen. Diese wurden in reichlich Fett gebraten und Fett, das wissen wir alle, fördert die Verträglichkeit von Alkohol.

In Schweden sind die kleinen *plättor* als Nationalgericht nicht zu übersehen. Sie werden in Spezialpfannen, die gut hühnereigroße Vertiefungen haben, zu traditionellen Festen gebacken und erfreuen sich, besonders bei Kindern, allergrößter Beliebtheit. Die klassischen Beigaben sind Apfelmus oder Preiselbeerkompott.

In Holland gibt es neben den zarten dünnen *flensjes* und den deftigen *pannekoecken* winzige, taubeneigroße kreisrunde Küchlein aus Pfannkuchenteig, die *poffertjes*. Sie gehören zu meinen frühesten Kindheitserinnerungen. Besuchten wir unsere holländischen Großeltern, so war ein Spaziergang zu einem nahegelegenen Bauernhof beinahe obligatorisch. Dort standen junge Mädchen in langen blau-weiß gestreiften Kleidern mit weißen Häubchen und frisch gestärkten langen Schürzen hinter heißen Kohleöfen und buken in großen schwarzen Eisenpfannen mit kleinen Vertiefungen goldene Berge dieser köstlichen kleinen runden Küchlein. Sie wurden entweder mit Puderzucker oder Zimtzucker in die Gaststube getragen. Die Mengen, die wir verdrückten, wurden in Dutzenden gezählt, und der Großvater schien es nicht müde zu werden, stets wieder neue Portionen für uns zu bestellen.

Die Franzosen steuern mit ihren *galettes* und *crêpes* fürwahr nicht die schlechtesten Vertreter der internationalen Küche bei. Warum die Bretonen ihre Gebilde als *galettes*, die übrigen Franzosen hingegen gleiche Produkte als *crêpes* anbieten, weiß niemand so recht. Aber daß sie dünn, sehr groß und außerordentlich gut und verführerisch sind, das weiß jeder, der in der Bretagne oder in Narbonne einen Ferientag verbummelt hat. Und was wären Paris oder das Elsaß ohne Crêperien?

Die Spanier sind nüchterner, sie vermischen den Teig häufig mit angerösteten Kartoffeln, oft zusätzlich mit Zwiebeln und Knoblauch, und bereiten daraus sehr sättigende Gebilde, die übrigens gern auch kalt serviert werden. Diese *tortillas* sind keineswegs zu verachten und gehören zu den beliebtesten Spezialitäten des Landes.

In den Ländern der ehemaligen k. u. k. Monarchie feiern die *Palatschinken* Triumphe. Sie sind ebenfalls kleiner und feiner als die deutschen Pfannkuchen, sehr oft mit Topfen, also Quark, feinen Nußmassen oder warmer Schokolade gefüllt, liebenswerte Kalorienkiller, die die Ferien versüßen.

Müßten wir in Kreuzworträtseln berühmte russische Gerichte mit fünf Buchstaben erraten, da würde doch ein jeder es mit dem Wort *blini* versuchen. Es sind untertassengroße runde Küchlein, aus Buchweizenmehl gebacken, mit einem zarten Berg glänzendem Kaviar und dicklicher saurer Sahne gekrönt. Da braucht man nicht unbedingt Zar zu heißen, um das zu mögen.

Auch in außereuropäischen Regionen schätzt man die Verwandten der Eierkuchen. Aus Maismehl dünn gebackene *tacos* mit würziger Avocado- oder Paprikafüllung sind sie jedem Mexikoreisenden begegnet. In den asiatischen Ländern treffen wir die *Fou-Yongs* und *Frühlingsrollen* mit ihren Verwandten, also Gebilde aus Reismehl, die nur sehr kurz gebraten, dann köstlich mit Gemüse und Fleisch oder Geflügel gefüllt, zu langen Rollen aufgewickelt und in Fett knusprig friertiert werden.

Omeletts sind sozusagen die Adligen der Pfannkuchenfamilie. Die luftige *Omelette soufflé* und das zarte französische Omelett unterscheiden sich aber in einem sehr wesentlichen Punkt von allen übrigen Pfannkuchenvariationen. Der Teig wird in der klassischen Küche immer ohne jegliche Mehl- oder Stärkezugabe bereitet, also lediglich aus Eiern, Wasser oder Mineralwasser und Salz, gelegentlich eine kleine Prise Zucker. Nur Anfängerinnen rate ich, zu Beginn jeweils eine Messerspitze Mehl oder Stärkepuder an den schaumigen Omeletteig zu geben. Durch diese kaum spürbare Stärkezugabe behalten die schaumigen Gebilde nämlich besser ihre luftige Konsistenz und fallen nicht gar so rasch zusammen. Der Könner, der die Handhabung der Omelette-soufflé-Bereitung souverän beherrscht, wird natürlich auf die profane Mehlzugabe verzichten.

Die Zutaten

Die Grundzutaten für Pfannkuchen, Crêpes und Omeletts sind im Prinzip immer die gleichen:
- Eier
- Flüssigkeit
- Mehl oder Schrot
- Salz
- eventuell Fett
- eventuell Zucker
- eventuell Würzzutaten
- eventuell Treibmittel
- und natürlich Fett zum Braten.

Eier

Im allgemeinen verwenden wir für unsere Teige Hühnereier, unsere Rezepte sind auf die Größe 5, also Eier zwischen 50 und 55 g, abgestimmt. Enten- oder Gänseeier sollten wegen der Salmonellengefahr nicht für Pfannkuchenteige verwendet werden. Die Backtemperaturen sind nicht hoch genug, um mit Sicherheit die Abtötung aller Krankheitskeime zu gewährleisten. Je mehr Eier im Teig sind, um so weniger Flüssigkeit muß zugegeben werden. Bedenken Sie bitte auch, daß durch besonders große Eier die Konsistenz des Teiges wesentlich verändert werden kann. Auf der anderen Seite gibt es aber auch Rezepte, die vollkommen auf Eizugabe verzichten, insbesondere bei zarten Buchweizencrêpes und asiatischen Frühlingsrollen ist das oft der Fall, und die Ergebnisse sind keineswegs schlecht.

In der Regel werden die ganzen Eier, also Eiweiß und Eigelb zusammen verarbeitet. Aber wer besonders zarte Eierkuchen haben möchte, wird sicher meinem Rat folgen und das Eiweiß, wie im Rezept für schwedische Pfannkuchen aufgeführt, zu steifem Schnee schlagen, ehe er es im letzten Moment unter den ausgequollenen Pfannkuchenteig hebt.

Flüssigkeit

Die Beschaffenheit der Pfannkuchen und Crêpes hängt sehr stark von der Flüssigkeit ab, die zum Teig gegeben wird. Bei Omeletts erziele ich mit Wasser, vorzugsweise Mineralwasser, die besten Ergebnisse. Neben Wasser ist Milch die klassische Flüssigkeitszugabe. Zuweilen werden auch Wasser und Milch zu gleichen Teilen gemischt. Milchzugaben machen Pfannkuchen gehaltvoller, der Teig wird dicker, was aber bei Crêpes oft unerwünscht ist. Vorzügliche Ergebnisse erzielen Sie durch die Beigabe von Bier. Die Kohlensäure macht den Teig locker, durch den geringen Zuckergehalt wird er rösch. Das ist wohl der Grund, warum Ausbackteige sehr oft mit Bier geschlagen werden. Das Ergebnis ist entsprechend rösch und zart! Hausfrauen sind erfinderisch. Und so rate ich Ihnen, gelegentlich den Teig für Crêpes auch einmal mit flüssiger Sahne, mit Apfelsaft oder mit leicht moussierendem Apfelwein anzurühren.

Teige, die mit Reis- oder Maismehl angerührt werden, sollten grundsätzlich immer nur Wasser enthalten.

Mehl

Im allgemeinen nehmen wir Weizenmehl, vorzugsweise Type 405. Es versteht sich von selbst, daß man aus überaltertem, muffigem Mehl keine guten Pfannkuchen backen kann. Instantmehl für die Pfannkuchenbereitung zu nehmen, halte ich für unsinnig. Es ist wesentlich teurer. Der Vorzug, daß es weder staubt noch klumpt, kommt bei der Pfannkuchenbereitung kaum zur Geltung. Wer einmal begriffen hat, wie einfach es ist, einen klumpenfreien Teig anzurühren, kann die ersparten Groschen besser in Eiern oder guten Bratfetten investieren.

Für holländische Buchweizenküchlein, für bretonische Galettes oder russische Blinis ist Buchweizenmehl erforderlich. Buchweizen hat weder etwas mit Weizen noch etwas mit Buchen zu tun. Der Buchweizen ist ein Knöterichgewächs. Es wird ähnlich wie Getreide angebaut, heute leider wesentlich seltener als in früheren Jahrhunderten. Die Samenkörner haben eine etwas kantige Form, etwa wie ganz kleine Bucheckern. Daher der Name. Sie werden entweder zu feinem Mehl oder zu gröberem Schrot gemahlen und heute in Reformhäusern, gelegentlich aber auch in den Lebensmittelabteilungen unserer Kaufhäuser angeboten. Ich mag Buchweizengerichte ausgesprochen gerne, das Produkt hat einen feinen, nußartigen Geschmack. Bei Buchweizenschrot muß immer ein Teil Mehl zugefügt werden, bei Buchweizenmehl hingegen können Sie entweder nur Buchweizenmehl oder eine Mischung aus Buchweizen- und normalem Weizenmehl verarbeiten. Der Geschmack ist dann weniger intensiv. Bei Crêpes hat das den zusätzlichen Vorteil, daß die Gebilde nicht so dick werden.

Für die mexikanischen Tortillas oder Tacos benötigen Sie Maismehl. Es wird möglicherweise etwas Mühe machen,

Maismehl zu finden, aber durch die zahlreichen Gastarbeiter und die übrigen Ausländer ist die Nachfrage gestiegen, und immer mehr Kaufhäuser bieten es an. Trotzdem, kaufen Sie zunächst eine kleine Menge. Wenn das Maismehl überaltert ist, wird es leider sehr schnell ranzig, dann aber auch bitter. Sie sollten darum solche Einkaufsquellen bevorzugen, wo ein rascher Umsatz gewährleistet ist. Das für die asiatischen Frühlingsrollen eigentlich vorgeschriebene Reismehl ist leider noch seltener zu bekommen. Reismehl ist sehr weiß, sehr fein gemahlen und hat keinerlei Eigengeschmack. Es hat den Vorteil, beinahe unbegrenzt haltbar zu sein. Wenn Sie gar kein Reismehl bekommen können, können Sie zur Not auch aus normalem Weizenmehl Frühlingsrollen zubereiten.

Salz

Fast alle Pfannkuchen- und Omelettrezepte erfordern Salzzugaben. Bei Mehl können Sie einen halben Teelöffel Salz für jeweils 250 g Mehl als Norm zugrunde legen. Für Omeletteige, bei denen die Mehlzugabe völlig fehlt, rechne ich eine knappe Messerspitze Salz auf zwei Eier. Es ist verständlich, daß feines Salz für unsere Zwecke vorzuziehen ist, ganz einfach, weil es sich leichter im Teig oder in der Eimasse verteilt.

Fett

Fett, also Sahne, halbflüssige Butter oder Margarine oder Öl können, müssen aber nicht zugegeben werden. Wer Fett in den Teig tut, braucht weniger zum Braten. Die Gebilde werden zarter und knuspriger. Butter verleiht den Pfannkuchen oder Crêpes einen feinen Geschmack, wogegen Öl den Vorteil hat, sich leicht zu verteilen. Bei Olivenöl mit seinem kräftigen Eigengeschmack ist Vorsicht geboten, es paßt nur zu Pfannkuchen mit pikanter Füllung.

Zucker

An und für sich werden die klassischen Pfannkuchen ohne Zucker bereitet, oft wird er erst später daraufgestreut. Denn hohe Zuckerzugaben haben eine fatale Wirkung. Die Pfannkuchen brennen, da der Zucker karamelisiert, schnell an. Dennoch gibt es Crêpesrezepte, bei denen auf 250 g Mehl 20 bis 100 g Zucker zugefügt werden. Der Zucker muß aber in jedem Fall fein sein, sollte auch nach Möglichkeit eine halbe Stunde vorher zum Teig gegeben werden, damit sich die feinen Kristalle in der Flüssigkeit auflösen und fein verteilen. Die Verwendung einer kunststoffbeschichteten Pfanne ist in jedem Fall angebracht.

Würzzutaten

Im allgemeinen werden Pfannkuchen, Omeletts und Crêpes ohne geschmacksgebende Zutaten zubereitet. Doch wer Freude hat am Experimentieren, kann durchaus Würzzutaten beifügen. Ich denke z. B. an feingeschnittene Zwiebelringe, vorgebratene Zwiebelwürfel, Kräuter wie Schnittlauch, Petersilie oder Kerbel, wohl dosierte Zugaben von Muskat, aber auch an feingemahlenen Zimt, an zerdrückte Aniskörner oder Vanillezucker.

Nicht weniger Erfolg werden Sie haben, wenn Sie würzige Liköre an den Crêpeteig geben: Grand Marnier, Rosen- oder

Orangenwasser, vielleicht auch einen guten Obstschnaps. Es versteht sich von selbst, daß Würzzutaten und Füllungen immer aufeinander abgestimmt sein sollten.

Treibmittel

Eiweiß, zu Schnee geschlagen, ist das populärste und einfachste aller Treibmittel. Es darf allerdings erst im allerletzten Moment an den Teig gegeben werden. Der Geschmack wird dadurch nicht verändert. Bequemer ist die Zugabe von Backpulver, wobei darauf geachtet werden muß, daß Pulver und Mehl gut miteinander vermengt und nach Möglichkeit zusammen gesiebt werden sollten. Praktischer ist die Verwendung von Mehl, dem das Treibmittel schon beigefügt wurde, wie das bei den Spezialmischungen für Pfannkuchen beispielsweise der Fall ist. In diesen Mehlmischungen ist gleichzeitig auch das nötige Salz und oftmals das Ei in Form von Pulver in entsprechender Menge beigefügt.

Fett zum Braten

Wir alle wissen, daß die Fettwahl ausschlaggebend für das Ergebnis ist. Bei kunststoffbeschichteten Pfannen kommen wir mit relativ wenig Fett aus, wogegen neue Eisenpfannen zunächst reichliche Fettmengen erfordern.
Butter ist ohne Zweifel das feinste aller Bratfette. Sie hat aber den großen Nachteil, auf Grund ihres zwanzigprozentigen Wassergehaltes aus der Pfanne zu spritzen. Das gleiche gilt für die verschiedenen Margarinesorten. Trotzdem, für ein Schaumomelett oder ein feines französisches Omelett möchte ich auf keinen Fall auf Butter als Bratfett verzichten,

denn ihr feines Aroma ergänzt den guten Eiergeschmack ganz vorzüglich.

Zum Braten von Crêpes gelten Speckschwarten oder Schmalz als klassisch. In der Bretagne mischen die Bäuerinnen das Schmalz mit Eigelb, man sagt, es sei dadurch ergiebiger und bekomme einen besonders guten Geschmack. Für Pfannkuchen nehme ich in der Regel Öl. Wenn es sich nicht gerade um Olivenöl handelt, ist Öl sehr geschmacksneutral. Da es kein Wasser enthält, spritzt es nie aus der Pfanne, läßt sich gut dosieren und verhindert dadurch auch das Ankleben. Wie Sie das Fett am besten dosieren, lesen Sie bei den jeweiligen Zubereitungshinweisen.

Pfannkuchen oder Eierkuchen?

Fragen Sie einmal zehn Kinder aus dem Norden und weitere zehn Kinder aus dem Süden Deutschlands nach ihrem Lieblingsessen. Mit Sicherheit werden mindestens drei neben Pommes frites mit Tomatenketchup, Wiener Schnitzeln, Kartoffelsalat und Wiener Würstchen oder Spaghetti mit Tomatensauce das Hauptthema unseres Buches zu ihrem Leibgericht deklarieren. Und dabei machen wir eine seltsame Feststellung. Die einen nennen es Pfannkuchen, die anderen Eierkuchen. Mit einem Kuchen haben diese Gebilde eigentlich wenig gemein, denn das Typische eines Kuchens, nämlich daß er süß ist und im Backofen gebacken wird, trifft in unserem Fall nicht zu. Hingegen ist richtig, daß man immer Eier und auch immer eine Pfanne benötigt.

An der Bezeichnung kann man aber erkennen, aus welcher Region die Kinder kommen. Für die norddeutschen Kinder sind die Eier offensichtlich am wichtigsten, sie nennen die goldgelben fettglänzenden Gebilde stolz Eierkuchen und freuen sich, wenn die Mutter großzügig die Mengen disponiert. Im Süden Deutschlands, wo gewiß nicht schlechter gekocht und sicherlich auch nicht weniger Eier in den Teig getan werden, heißen die gleichen Gebilde dagegen Pfannkuchen. Und wie sieht es jenseits der Landesgrenzen aus?

Da werden die Sitten noch verwirrender. Denn schon im südwestlichen Raum Deutschlands, sicher aber in der Schweiz nennt man die norddeutschen Eierkuchen oder die süddeutschen Pfannkuchen mit einem Mal Omeletts. Und das ist, von der hohen Warte der Kochexperten aus betrachtet, mit

Sicherheit nicht ganz richtig. Denn in einen richtigen Omeletteig gehört laut Brillat Savarin ein für allemal kein Mehl. Doch seien wir großzügig, lassen wir den schweizerischen Kindern ihre Omeletts mit und ohne Mehl und obendrein noch die luftigen Schaumomeletts, für die grundsätzlich die Eier zu Schnee geschlagen werden und die als Vor- oder Nachspeise gereicht werden.

In Österreich aber kennt man weder Eier- noch Pfannkuchen. Die alte k. u. k. Monarchie bezeichnet Gebilde, die aus Eiern, Mehl, Flüssigkeit und Salz bereitet und in der Pfanne gebraten werden, als Palatschinken. Eine sehr seltsame Bezeichnung, denn von Schinken ist dabei doch gar nicht die Rede. Dazu gibt es in Österreich eine weltberühmte, aus dem Pfannkuchen entwickelte Spezialität, über deren Ursprung sich die Gelehrten bis heute nicht einig sind. Das ist der in kleine Stücke zerzupfte Pfannkuchen, der überall als Schmarren bezeichnet wird und eigentlich auf jede gut bürgerliche Speisekarte gehört. Das Gericht hat gewiß eine sehr alte Tradition. Ich könnte mir denken, daß es von praktisch denkenden Sennerinnen erfunden wurde.

Mehl konnte leicht zu den Hütten hinaufgetragen werden. Eier gab es auch, sie hatten den Vorteil, nicht so schnell zu verderben. Und über Milchmangel brauchte sicher kein Senn zu klagen. Das Gericht besteht also aus nicht zu kostspieligen Nahrungsmitteln, die sich gut transportieren ließen oder deren Vorratshaltung keine großen Probleme verursachte. Auf der Hütte aß man aber in der Regel aus einer Schüssel. Mit den tradtitionellen Pfannkuchen wäre das nicht so leicht gewesen. Zerriß man aber gleichzeitig die Pfannkuchen in der Pfanne, so konnte man die Stückchen später in einer großen Holzschüssel auftragen und alle Familienmitglieder löffelten gemeinsam die fettglänzenden Stückchen daraus. Wie aber mag es zur Bezeichnung »Kaiserschmarren« gekommen sein?

Vielleicht stimmt die Geschichte, daß dieses Gericht gar nicht auf den Almhütten, sondern in einer Schloßküche erfunden wurde und einstmals das Lieblingsgericht des Kaisers war? Oder wollte man mit dem Zusatz »Kaiser« nur den Unterschied zum gewöhnlichen Schmarren deklarieren? Denn ein rechter österreichischer Kaiserschmarren muß nicht nur mit Liebe zubereitet werden, sondern sollte neben den üblichen Grundzutaten unbedingt in Rum gequollene Sultaninen, fein geröstete Mandelsplitter oder grobgehackte Haselnußkerne enthalten und schließlich nicht einfach mit feinem Zucker, sondern mit einer Mischung aus Zucker und Vanillezucker bestreut werden. Wen wundert es, daß diese Nationalspeise, eines Kaisers würdig, heute zum Lieblingsgericht vieler großer und kleiner Skifahrerkinder und nicht nur solcher geworden ist. Probieren Sie die kaiserliche Version, denken Sie aber auch daran, daß es daneben noch eine große Anzahl sehr bewährter anderer Schmarrenspezialitäten gibt. Sie sind für unsere heutigen Eßgewohnheiten ausgesprochen praktisch, weil starke oder weniger starke Esser sich nach Gusto davon bedienen können. Die Rezepte dafür finden Sie im Kapitel »Internationale Spezialitäten«.

Der Teig

Einen Pfannkuchenteig zuzubereiten ist eigentlich keine Kunst. Der Teig besteht im wesentlichen aus Eiern, Mehl, Flüssigkeit und Salz. In der Regel rechne ich für vier Personen drei Eier, wenn Sie statt dessen vier Eier in den Teig tun, schadet es aber auch nichts. Früher rechnete man grundsätzlich 250 g Mehl für vier Personen. Das mag für Jugendliche und gute Esser auch heute noch zutreffen. Wer aber etwas auf seine Linie achtet, sollte es bei 200 g Mehl bewen-

den lassen. Darum sind die Grundrezepte in diesem Buch auch auf 200 g Mehl abgestimmt. Selbstverständlich kann jeder die Eiermenge und die Mehlmenge beliebig erhöhen. Daß dann auch die Flüssigkeitsmenge vergrößert werden muß, versteht sich von selbst.
Eine geringe Gefahr liegt darin, daß der Teig klumpig werden könnte. Das geschieht insbesondere dann leicht, wenn die Zutaten nach und nach miteinander vermengt werden. Darum rate ich immer zu folgender Arbeitsweise:
Geben Sie grundsätzlich alle Zutaten nacheinander in eine nicht zu kleine Rührschüssel. Erst dann beginnen Sie, diese miteinander zu verrühren. Wir verfügen ja heute über viel praktischere Rührgeräte als in früheren Zeiten. Jeder Haushalt besitzt normalerweise mindestens einen Schneebesen, die meisten Haushalte haben außerdem einen Elektroquirl. Mit diesen Geräten ist die Möglichkeit, daß Klumpen gebildet werden könnten, so gut wie ausgeschlossen. Also alle Zutaten entweder schnell mit dem Schneebesen durchschlagen oder die Schneebesen des Elektroquirls kurz in die Mischung halten. Damit das Mehl nicht staubt, ist es ratsam, zunächst nur die unterste Laufgeschwindigkeit einzuschalten. Kleine Teigmengen bereite ich immer in einem schmalen hohen Gefäß. In dem Fall genügt es, wenn ein einziger Quirl in das Elektrorührgerät gesteckt wird.
Haben Sie schon einmal erlebt, daß sich in Ihrem Pfannkuchen beim Braten mehr oder minder große Löcher bildeten, obschon Sie weder Eischnee noch Backpulver oder Hefe zugesetzt hatten? Sie möchten gerne die Ursache erfahren, um einen derartigen Fehler in Zukunft zu vermeiden? Diese Luftblasen bilden sich, wenn der Teig nicht rechtzeitig genug vorbereitet wurde. Ein guter Pfannkuchenteig sollte nämlich nach Möglichkeit mindestens eine halbe Stunde vor dem Braten gerührt werden. Dann hat das Mehl genug Zeit, um

auszuquellen. Der im Mehl vorhandene Kleber entwickelt sich und bindet den Teig gleichmäßig. Es ist allerdings wichtig, daß der Teig, nachdem er gequollen ist, noch einmal durchgeschlagen wird. Oft erscheint er uns dann auch zu dick. Aber nur für Obstpfannkuchen darf der Pfannkuchenteig ziemlich dickflüssig sein. Sonst lieben wir heute die dünneren Pfannkuchen, und die bekommen wir nur, wenn der Teig entsprechend flüssig gehalten wird. Die ganz genaue Flüssigkeitsmenge kann man niemals angeben. Wir wissen alle, daß die Eier uneinheitliche Größen aufweisen. Auch das Mehl hat unterschiedliche Quelleigenschaften. Die richtige Konsistenz eines Pfannkuchenteiges ist nun einmal Erfahrungssache, nehmen Sie die Konsistenz von recht dickflüssiger Sahne als Richtwert.

Jede Hausfrau hat ihre eigenen Ansichten, welche Pfanne sich am besten für das Backen von Pfannkuchen eignet. Oft sind es nicht die schönsten und neuesten Pfannen, sondern die ältesten. Wichtig ist, daß die Pfanne einen dicken Boden hat und nach Möglichkeit mit einem Antihaftbelag versehen wurde, damit die goldgelben Gebilde nicht ansetzen. Butter scheidet als Bratfett aus, weil sie bei den hohen Temperaturen zu leicht bräunt. Bei Margarine ist dieser Nachteil nicht so stark gegeben, doch spritzt ein Teil des Fetts durch den Wassergehalt beim Aufwärmen heraus. Aus diesem Grunde backe ich meine Pfannkuchen meistens in einem geschmacksneutralen Öl. Die Dosierung ist ebenfalls Erfahrungssache. Keine Hausfrau mißt die Ölmenge genau mit dem Eßlöffel ab, man gießt das Öl direkt aus der Flasche in die Pfanne. Da aber Öl sehr viele Kalorien enthält, sollten Sie den Ölfilm möglichst dünn halten und ihn durch ein sanftes Drehen der Pfanne über die ganze Fläche verteilen.

Sehr Geschickte können die auf einer Seite gebratenen Pfannkuchen durch ruckartiges Schwingen der Pfanne wenden, die meisten werden aber den Bratenwender dafür zu Hilfe nehmen. Anfängern rate ich, den halbseitig gebratenen Pfannkuchen auf einen flachen Deckel passender Größe gleiten zu lassen. Dann wird die Pfanne rasch darübergestülpt und beides schnell miteinander gewendet. Allerdings muß man bei diesem Manöver aufpassen, daß kein überschüssiges Fett aus der Pfanne tropft.

In den meisten Fällen muß man für das Braten der zweiten Seite noch etwas Fett in die Pfanne geben. Nur so werden die Pfannkuchen gleichmäßig gebräunt und bekommen eine schmackhafte goldbraune Färbung.

Wichtig erscheint mir ferner, daß Teller und Platten, auf denen die fertigen Pfannkuchen serviert werden, stets frühzeitig vorgewärmt werden.

Das Aufbewahren von Pfannkuchen

Es besteht kein Zweifel darüber, daß Pfannkuchen, wenn sie unmittelbar aus der Pfanne auf heiße Teller gegeben werden, am besten schmecken. Aber das ist nicht immer möglich. Wenn wir für mehrere Personen die Pfannkuchen im voraus backen, gibt es drei Möglichkeiten der Aufbewahrung:

Stellen Sie entweder einen großen Topf mit heißem Wasser auf eine zweite Kochstelle und setzen Sie statt eines Topfdeckels eine große runde Platte auf den Topf. Der Wasserdampf wird dann später die auf der Platte aufgetürmten Pfannkuchen von unten warm halten. Damit die Pfannkuchen von oben her nicht auskühlen, können Sie den entsprechend großen Topfdeckel oben auf den Pfannkuchenberg legen.

Für die zweite Methode muß der Backofen mit der Servierplatte vorgeheizt werden. 80 bis 100 Grad genügen. Damit die

Pfannkuchen auf der Platte später nicht austrocknen, werden sie entweder mit einem Deckel passender Größe oder mit einem großen Stück dicker Aluminiumfolie abgedeckt.

Schließlich können Sie die Pfannkuchen backen und später für 50 Sekunden in den Mikrowellenherd schieben.

Sind geringe Teigreste übrig, so können Sie daraus dünne Pfannkuchen backen, diese aufrollen und in schmale Streifen schneiden. Als Frittaten oder Flädle sind sie eine schmackhafte Einlage für Suppen. Allerdings, der Teig darf keinesfalls Zucker enthalten. Durch Zufügen von feingehackten Kräutern können Sie aus einem Teigrest Kräuterflädle backen, ähnlich werden Petersilienflädle, Kerbelflädle, Knoblauchflädle oder Schinkenflädle gebacken. Ein großer Pfannkuchen reicht als Einlage für 1 Liter klare Brühe.

Wer Pfannkuchen über einen längeren Zeitraum aufheben möchte, kann sie einfrieren. Im allgemeinen ist es vorteilhafter, den Teig einzufrieren als die fertig gebackenen Pfannkuchen, weil diese sehr leicht austrocknen und — falls man keinen Mikrowellenherd hat — sich auch nicht so einfach aufwärmen lassen. Werden fertig gebratene Pfannkuchen gefroren, so ist es am besten, sie zuvor mit Spinat, Ragout oder Frikassee zu füllen. Geben Sie die gefüllten Pfannkuchen in eine Auflaufform. Vielleicht besitzen Sie sogar eine Form mit Deckel? Den aufzulegen lohnt sich, damit das Gefriergut nicht austrocknet. Später wird die Form aus dem Gefrierschrank genommen, der Deckel braucht nur abgehoben zu werden, und der Inhalt der Schüssel wird entweder gefroren oder aufgetaut auf den Rost in den Backofen geschoben. Auf diese Weise können Sie ein weiteres Mittagessen ohne Arbeitsaufwand servieren, und niemand wird merken, daß es sich dabei um ein Gefrierprodukt aus Resten handelt.

Gefrorene Pfannkuchenteige müssen stets unmittelbar nach dem Auftauen verarbeitet werden, weil sie sehr schnell verderben. Es ist darum wichtig, die Gefrierportionen immer so klein zu halten, daß sie bestimmt bei einer Mahlzeit verbraucht werden. Da es sich bei Pfannkuchen ohnehin um ein schnell zuzubereitendes Essen handelt, lohnt es sich nicht, eigens für das Gefriergerät Teig herzustellen.

Grundrezepte

Grundrezept Nr. 1

3 Eier, 200 g Mehl, gut ¼ l Milch, ½ TL Salz, Margarine, Öl oder Plattenfett zum Braten

Die Eier mit Mehl, Milch und Salz in eine Schüssel geben. Dann alle Zutaten am besten mit dem Elektroquirl gut verschlagen. Den Teig nach Möglichkeit etwas stehen lassen, so daß das Mehl quellen kann. Je nach Größe der Eier und Quellfähigkeit des Mehls noch etwas Milch oder Wasser unterrühren.

Vor dem Backen den Inhalt der Schüssel auf jeden Fall noch einmal umrühren.

Zum Braten zunächst Fett in einer Pfanne heiß werden lassen. Dann mit einer Schöpfkelle portionsweise den Teig hineingeben. Bei nicht zu starker Hitze braten. Vor dem Wenden eventuell noch etwas Fett zugeben, weil sonst die Pfannkuchen leicht ansetzen.

Grundrezept Nr. 2, schwedische Art

*3 Eier, 200 g Mehl, gut ¼ l Mineralwasser, ½ TL Salz, Margarine,
Öl oder Plattenfett zum Braten*

Zunächst die Eier teilen. Eigelb mit Mehl, Mineralwasser und Salz in eine Schüssel geben. Dann alle Zutaten am besten mit dem Elektroquirl gut verschlagen. Der Teig darf relativ dickflüssig sein. Nach Möglichkeit eine halbe Stunde quellen lassen. Kurz vor dem Braten das Eiweiß zu steifem Schnee schlagen. Vorsichtig unter den Pfannkuchenteig heben.
Sie können zusätzlich noch einen halben Teelöffel Backpulver unter das Mehl mischen, unbedingt nötig ist das jedoch nicht. Die aus diesem Pfannkuchenteig gebackenen Pfannkuchen werden besonders luftig. Wer möglichst dünne Pfannkuchen haben möchte, muß zusätzlich noch etwas Mineralwasser an den Teig geben. Je flüssiger der Teig ist, um so dünner werden die daraus gebackenen Pfannkuchen.
Zum Braten erst das Fett in einer Pfanne heiß werden lassen, den Teig mit einer Schöpfkelle portionsweise hineingeben. Vor dem Wenden noch etwas Fett in die Pfanne geben, weil sonst die Gefahr des Ansetzens groß ist.

Grundrezept Nr. 3

*3 Eier, 200 g Mehl, 3 EL Weizenkleie, knapp ⅜ l Magermilch,
½ TL Salz, Margarine, Öl oder Plattenfett zum Braten*

Durch die Zugabe von Weizenkleie bekommen diese Pfannkuchen einen sehr kernigen Geschmack. Für den Teig Eier

mit Mehl, Weizenkleie, Milch und Salz in eine Schüssel geben, mit dem Schneebesen oder dem Elektroquirl gut verschlagen. Dann den Teig noch eine halbe Stunde quellen lassen.
Zum Braten etwas Fett in einer Pfanne erhitzen, den Teig portionsweise mit einer Schöpfkelle hineingeben und bei nicht zu starker Hitze braten. Vor dem Wenden noch etwas Fett in die Pfanne geben.

Grundrezept Nr. 4, Hefepfannkuchen

250 g Mehl, 15 g Hefe, 2 EL Zucker, ½ l Milch, 2 Eier, ½ TL Salz, feingeriebene Schale von ½ ungespritzten Zitrone, Schmalz zum Braten, Zucker und Zimt zum Bestreuen

Zunächst das Mehl in eine Schüssel sieben, in die Mitte eine Vertiefung drücken. Die Hefe hineinkrümeln. Den Zucker und etwas möglichst lauwarme Milch zugeben und einen glatten Brei rühren. Den Hefeansatz 30 Minuten an warmer Stelle gehen lassen. Dann die übrige Milch, Eier, Salz und feingeriebene Zitronenschale in die Schüssel geben. Alle Zutaten mit dem Schneebesen oder Elektroquirl gut verschlagen. Nochmals sehr gut gehen lassen.
In reichlich heißem Schweineschmalz am besten in einer eisernen Pfanne etwa 10 cm große Pfannküchlein braten. Die Hitze darf nicht zu stark sein, weil sie sonst innen nicht gar werden. Auf eine Platte stapeln und Zucker und Zimt dazu reichen. Als Ergänzung Kompott oder Apfelmus.

Grundrezept Nr. 5, Buttermilchpfannkuchen

*3 Eier, 200 g Mehl, gut ¼ l Buttermilch, ½ TL Salz, Margarine,
Öl oder Plattenfett zum Braten*

Buttermilchpfannkuchen haben einen speziellen, angenehmen Geschmack und sind besonders leicht verdaulich.

Die Zutaten zusammen in eine Schüssel geben und mit dem Schneebesen oder dem Elektroquirl gut verschlagen. Wenn möglich, 30 Minuten stehen lassen, so daß das Mehl quellen kann.

Dann in gewohnter Weise Fett in einer Pfanne erhitzen und pfannengroße oder auch kleinere Pfannkuchen backen. Sie können mit salzigen Füllungen oder Beilagen, aber auch als süße Pfannkuchen mit Kompott, Marmelade oder Zucker serviert werden.

Für Buttermilchplinsen wird der Teig ziemlich dick bereitet. Außerdem einige Sultaninen, Korinthen, gehackte Mandeln und einen halben Teelöffel Backpulver hinzugeben. Dicke, kleine Plinsen backen, Zucker und Zimt dazu reichen.

Grundrezept Nr. 6, Quarkpfannkuchen

3 Eier, 175 g Mehl, 250 g Magerquark, ca. ¼ l Milch, ½ TL Salz, Margarine, Öl oder Plattenfett zum Braten

Der Vorteil dieses Rezepts liegt klar auf der Hand: Durch die Quarkzugabe sind diese Pfannkuchen sehr viel eiweißhaltiger als die übrigen. Diese Tatsache ist für Menschen, die kalorienbewußt und gesund leben möchten, von Bedeutung. Sie schmecken ein klein wenig säuerlich, ähnlich wie Buttermilchpfannkuchen. Fertige Quarkpfannkuchen lassen sich sehr gut aufheben, sie trocknen nicht so schnell aus. Auch zum Gefrieren sind sie gut geeignet. Probieren Sie diese Version!
Eier, Mehl, Quark, Milch und Salz in eine Schüssel geben. Dann alle Zutaten kräftig zu einem relativ dickflüssigen Teig verschlagen. Den Teig unbedingt vor dem Braten etwas quellen lassen.
Diese Pfannkuchen sollten etwas dicker als normale Pfannkuchen gebacken werden. Der Teig kann auch als Grundlage für Obstpfannkuchen oder für gefüllte Pfannkuchen genommen werden. Wer gerne lockere Pfannkuchen haben möchte, kann die Eier trennen und das Eiweiß zu Schnee schlagen, auch könnte Hefe oder Backpulver zugefügt werden.
Auf die übliche Art in heißem Fett goldgelbe Pfannkuchen backen.

Pikante Variationen

Speckpfannkuchen

3 Eier, 200 g Mehl, gut ¼ l Milch, etwas Salz, 100 g geräucherter, durchwachsener Speck, eventuell noch etwas Margarine zum Braten

In Holland werden diese Speckpfannkuchen mit Rübensirup gegessen, ich persönlich mag lieber einen frischen Kopfsalat mit Kräuterdressing dazu.
Für den Teig die Eier mit Mehl und Milch sowie etwas Salz in eine Schüssel geben und rasch mit dem Schneebesen verschlagen. Die Salzzugabe muß knapp bemessen werden, denn der Speck enthält ebenfalls recht viel Salz. Den Teig stehen lassen, damit das Mehl quillt.
Nun den Speck von Schwarten befreien und in sehr dünne Scheiben schneiden. In einer Pfanne gerade goldbraun braten. Aus der Pfanne nehmen. Jeweils ein Viertel der angebratenen Speckscheiben wieder in die Pfanne geben, dazu etwas vom Bratfett und etwas Margarine. Heiß werden lassen, dann den Teig portionsweise in die Pfanne füllen. Bei nicht zu starker Hitze goldgelbe Speckpfannkuchen braten.
Sie können aber auch den in Scheiben geschnittenen Speck ausbraten und dann die röschen Speckscheiben noch etwas zerkleinern und unter den Teig rühren. Anschließend wie üblich braten.

Kartoffelpfannkuchen

3 Eier, gut ¼ l Milch, 200 g Mehl, 1 gestrichener TL Backpulver, ½ TL Salz, 2 EL feingeschnittener Schnittlauch, 4—6 gekochte Kartoffeln, eventuell 100 g roher oder gekochter Schinken, Margarine, Öl oder Plattenfett zum Braten

Die Eier mit Milch, Mehl, Backpulver und Salz in eine Schüssel geben und rasch mit dem Schneebesen oder dem Elektroquirl zum glatten Pfannkuchenteig verschlagen. Dann den Schnittlauch darunterrühren und den Teig etwas quellen lassen. Die Kartoffeln in Scheiben schneiden oder mit der groben Rohkostreibe raffeln.

Nun Fett in der Pfanne erhitzen, den Teig portionsweise hineinfüllen. Die Kartoffeln darauf verteilen. Zunächst die Pfannkuchen mit Deckel braten, nach dem Wenden ohne.

Natürlich können Sie auch die Kartoffeln unter den Teig rühren. Das Gericht gewinnt an Geschmack und Nährwert, wenn Sie zusätzlich Schinkenwürfel in den Teig geben. Wer will, kann die Schinkenwürfel zunächst in der Pfanne auslassen. Das ausgetretene Fett in dem Fall nicht unter den Teig rühren, sondern später zum Braten der Kartoffeleierkuchen verwenden.

In manchen Gegenden Deutschlands kommt dieses Gericht unter der Bezeichnung »Leineweber« auf den Tisch.

Spinatpfannkuchen mit Schinkenspeck

(handschriftlich: bleiben i. d. Pfanne kleben)

1 Packung Tiefkühl-Spinat (300 g), 3 Eier, gut ¼ l Milch, 200 g Mehl, ½ TL Salz, 200 g Schinkenspeck, eventuell etwas Öl zum Braten, 50 g geriebener Parmesan zum Bestreuen

Den Spinat auftauen lassen. Mit Eiern, Milch, Mehl, Salz und Muskat in eine Schüssel geben, kräftig mit dem Schneebesen verschlagen. Den Teig nach Möglichkeit noch etwas stehen lassen.
Den Schinkenspeck in dünne Scheiben schneiden. In einer großen Pfanne auslassen, bis sich der Speck hellbraun färbt. Herausnehmen. Jeweils einige Speckscheiben mit etwas Öl in die Pfanne geben und den Teig portionsweise zufügen. Bei mittlerer Temparatur knusprige Spinatpfannkuchen backen. Aufrollen, mit Reibkäse bestreut zu Tisch bringen.
Wer will, kann diese Pfannkuchen zusätzlich mit etwas Tomatenketchup bestreichen oder sie mit einem Champignonfrikassee füllen.

Olivenpfannkuchen

1 große Zwiebel, 4 gekochte Kartoffeln, 2—4 Wiener Würstchen, 1 kleines Glas gefüllte Oliven, 4 Sardellenfilets, 4 Eier, 4 EL Mehl, gut ⅛ l Milch, Salz, schwarzer Pfeffer, 1 Bund Schnittlauch, 100 g Emmentaler Käse, Margarine, Öl oder Plattenfett zum Braten

Zunächst die Zwiebel schälen und in sehr dünne Ringe hobeln oder schneiden. Die Kartoffeln in Würfel oder Scheiben schneiden. Auch die Würstchen kleinschneiden. Die Oliven halbieren. Die Sardellenfilets kurz wässern, in dünne

schmale Streifen schneiden. Die Eier mit Mehl, Milch, Salz, Pfeffer und kleingeschnittenem Schnittlauch gut verschlagen. Den Käse würfeln.
Zunächst die Zwiebeln portionsweise in heißem Fett andünsten. Portionsweise Kartoffeln, Würstchen und Oliven dazugeben. Alle Zutaten gut heiß werden lassen. Portionsweise den Eierteig darübergießen. Bei milder Hitze zugedeckt braten. Wenn die Oberseite zu trocknen beginnt, einen Teil der Käsewürfel daraufstreuen und schmelzen lassen. Die Pfannkuchen nicht wenden, sondern am besten gleich auf warme Teller gleiten lassen. Servieren, ehe der Käse erkaltet und dadurch zäh wird.

Pfannkuchen mit Edelpilzkäse

Zutaten von Grundrezept Nr. 1, 2, 4 oder 5, 125 g Edelpilzkäse, 4 Fleischtomaten, feingeschnittener Schnittlauch

Den Pfannkuchenteig nach Grundrezept zubereiten, quellen lassen. Dann Fett in einer Pfanne erhitzen, etwas Teig hineingießen. Jeweils eine in dünne Scheiben geschnittene Tomate und etwas feinzerkrümelten Edelpilzkäse daraufgeben, bei milder Hitze zugedeckt braten lassen. Nicht wenden!
Wie eine Torte sogleich auf Teller gleiten lassen, mit Schnittlauch bestreut sevieren.
Sie können aber auch den Edelpilzkäse mit einer Gabel zerdrücken und in den Pfannkuchenteig rühren. In diesem Fall auf die Tomaten verzichten. Diese Pfannkuchen können gewendet werden. Wenn Sie wollen, können Sie auch den Schnittlauch in den Teig rühren.

Zwiebelpfannkuchen

3 sehr große Zwiebeln, 2 EL Öl, 3 Eier, ¼ l Milch, 250 g Mehl, Salz, Pfeffer, Rosenpaprika, einige Tropfen Tabasco, Margarine, Öl oder Plattenfett zum Braten, Schnittlauch zum Bestreuen

Die Zwiebeln schälen, in sehr dünne Ringe schneiden oder besser noch mit dem Gurkenhobel fein hobeln. In einer großen Pfanne in heißem Öl glasig braten, dabei einen Deckel auflegen. Abkühlen lassen.
Für den Teig die Eier mit Milch und Mehl sowie Salz, Pfeffer, Paprika und Tabasco in eine Schüssel geben und mit dem Schneebesen oder dem Elektroquirl rasch vermengen. Zum Schluß mit einem Löffel die abgekühlten Zwiebeln unterrühren. Der Teig muß etwas dicker als sonst üblich sein.
Nun portionsweise goldgelbe Pfannkuchen backen, diese aufrollen oder zu einem Turm auf eine Platte schichten und kurz vor dem Servieren mit feingeschnittenem Schnittlauch bestreuen.
Dazu gibt es Kopfsalat mit Kräutersauce und ein kühles Bier.

Neapolitanische Pfannkuchen

Zutaten von Grundrezept Nr. 1, 2, 4 oder 5, 100 g roher geräucherter Schinken, 8—12 gefüllte Oliven, 1—2 Sardellen, 2 TL Tomatenmark, 4 EL Parmesankäse, 2 EL Schnittlauch und Petersilie, etwas Oregano und Basilikum, Rosenpaprika

Den Pfannkuchenteig nach Grundrezept zubereiten. Während der Teig quillt, Schinken, Oliven und Sardellen fein hacken. Mit dem Tomatenmark Reibkäse, Kräuter und Paprikapulver unter den fertigen Teig rühren. Dann wie üblich Pfannkuchen backen. Achtung, durch die Zugabe von Tomatenmark und Paprika neigen diese Pfannkuchen dazu, schneller anzubrennen. Darum nur bei mittlerer Temperatur braten. Etwas mehr Fett als sonst in die Pfanne geben. Mit Endivien- oder Kopfsalat eine köstliche Mahlzeit.

Zucchinipfannkuchen

3 Eier, 200 g Mehl, gut ¼ l Milch oder Mineralwasser, ½ TL Salz, 1 TL getrocknetes Basilikum, 100 g durchwachsener, geräucherter Speck, 4 mittelgroße Zucchini, Margarine, Öl oder Plattenfett zum Braten, 50 g geriebener Parmesankäse

Eine aparte Pfannkuchenvariation!
Die Eier mit Mehl, Milch oder Mineralwasser, Salz und Basilikum verschlagen, so daß ein dickflüssiger Pfannkuchenteig entsteht. Diesen mindestens 15 Minuten quellen lassen. Den Speck von Schwarten befreien, in sehr dünne Scheiben schneiden, nach Belieben noch einige Male teilen. Die Zucchini waschen, Stielansätze entfernen, dann in Scheiben schneiden.
In einer Pfanne etwas Fett erhitzen, den Speck portionsweise darin glasig werden lassen. Dann einen Teil der Zucchini darin anbraten. Das zarte Gemüse wird im Nu weich! Jetzt mit der Schöpfkelle portionsweise Pfannkuchenteig auffüllen. Goldgelbe Pfannkuchen braten, einmal wenden. Zum Schluß die fertigen Pfannkuchen mit etwas Parmesan überstreuen und am besten als Tellergericht zu Tomatensalat servieren.

Ungarische Pfannkuchen

100 g Salami, 1 rote Paprikaschote, 1 grüne Paprikaschote, 1 Zwiebel, 2 EL Öl, 3 Eier, gut ¼ l Milch, 200 g Mehl, ½ TL Salz, etwas Paprikapulver, Margarine, Öl oder Plattenfett zum Braten

Zunächst die Salami enthäuten und in sehr dünne Scheiben oder in Streifen teilen. Die Paprikaschoten von Stielen und Kernen befreien, waschen und in feine Streifen schneiden. Die Zwiebel schälen, in dünne Ringe hobeln. Zunächst die Salamischeiben in heißem Öl etwas anbraten, dann Paprikastreifen und Zwiebelringe zufügen und unter Rühren 5 Minuten braten. Inzwischen den Pfannkuchenteig zubereiten. Dafür die Eier mit Milch, Mehl, Salz und Paprikapulver in eine Schüssel geben und mit dem Schneebesen oder dem Elektroquirl gut verschlagen. Dann die abgekühlten Salamischeiben, Paprikastreifen und Zwiebelringe unter den Teig rühren.
Wie üblich in einer Pfanne mit dickwandigem Boden in heißem Öl oder Plattenfett Pfannkuchen braten.
Sehr gut mit Endivien- oder Feldsalat und dunklem Rotwein oder Bier.

Pfannkuchen, italienische Art

Zutaten von Grundrezept Nr. 1, 2, 4 oder 5, 4 Fleischtomaten, 4 eingelegte Peperoni, 100 g Salami in dünnen Scheiben, 100 g Schnittkäse in Scheiben, 12 gefüllte Oliven, Oregano, eventuell einige Champignons, Artischockenherzen, gewässerte Sardellen, Schinkenscheiben oder Sardinen, 50 g Parmesankäse

Den Pfannkuchenteig nach Grundrezept zubereiten und etwa 30 Minuten quellen lassen. Inzwischen den Belag vorbereiten. Die Tomaten in Scheiben schneiden. Die Peperoni fein hacken. Die Salamischeiben eventuell halbieren, die

Käsescheiben etwas zerteilen, die Oliven in Scheiben schneiden.

Nun Fett in einer möglichst kunststoffbeschichteten Pfanne erhitzen, etwas Teig hineingeben, schnell mit Tomatenscheiben, Salami, Käse und den übrigen Zutaten dekorieren. Würzen. Einen Deckel auflegen, denn diese Pfannkuchen dürfen nicht gewendet werden. Bei mäßiger Hitze langsam braten, bis die Unterseite goldbraun und die Oberseite trocken ist.

Wie eine Torte auf Portionsteller gleiten lassen, dann noch etwas Reibkäse darüberstreuen. Gleich servieren.

Pfannkuchen Bombay

Zutaten von Grundrezept Nr. 4 oder 5, 1 gegartes Huhn, 30 g Butter oder Margarine, 30 g Mehl, gut ¼ l Milch, 4 EL Weißwein, 1 EL Zitronensaft, ¼ saurer Apfel, 1 EL Curry, 2—3 EL Sahne oder Dosenmilch, 2 kleine Bananen, 4 EL Reibkäse

Zunächst den Pfannkuchenteig herstellen und quellen lassen. Dann die Füllung bereiten. Dafür das Hühnerfleisch von den Knochen lösen und in mundgerechte Stücke zerteilen. Die Butter oder Margarine im Topf schmelzen, das Mehl darin anschwitzen und mit möglichst heißer Milch ablöschen. Dabei heftig mit dem Schneebesen schlagen, so daß keine Klumpen entstehen. Mit Weißwein, Zitronensaft, etwas feingeriebenem Apfel und reichlich Curry abschmecken. Zum Schluß die Hühnerstücke, Sahne oder Dosenmilch und die Bananenscheiben unterrühren. Nun die Pfannkuchen backen. Die Füllung auf die Pfannkuchen verteilen, diese entweder zur Hälfte zusammenschlagen oder aufrollen. Etwas Reibkäse daraufstreuen, die Platte unter den Grill schieben und den Käse eben schmelzen lassen.

Pfannkuchen mit Champignonfüllung

Zutaten von Grundrezept Nr. 1, 2, 3 oder 5, 250 g Champignons, 1 EL Zitronensaft, 1 kleine Zwiebel, 2 EL Öl, 1 gestrichener EL Mehl, 4 EL Sahne, 4 EL trockener Weißwein oder Sherry, 1 Bund Petersilie

Den Pfannkuchenteig zubereiten und quellen lassen. Dann die Füllung vorbereiten. Die Champignons putzen, gut waschen, in Scheiben schneiden und mit Zitronensaft beträufeln. Die Zwiebel schälen und kleinhacken. In einem Topf in heißem Öl erst die Zwiebelwürfel, dann die Champignonscheiben hell andünsten. Mit Mehl überpudern, mit Sahne und Wein oder Sherry ablöschen. Kurz kochen lassen. Nun die Pfannkuchen backen. Die Champignonfüllung nochmals mit feingehackter Petersilie, Salz und Pfeffer abschmecken, auf die Pfannkuchen verteilen. Diese entweder halbmondartig zusammenschlagen oder aufrollen und möglichst gleich zu Tisch bringen. Schmeckt hervorragend mit Tomatensalat.

Pfannkuchen mit Geflügelleberfüllung

Zutaten von Grundrezept Nr. 1, 2, 3 oder 5, 2 Zwiebeln, 400 g Hühnerleber, 2—3 EL Öl, 2 gestrichene EL Mehl, 2 EL Madeira oder trockener Sherry, 2 EL Sahne oder Dosenmilch, Salz, Pfeffer, 2 EL feingehackte Petersilie

Zunächst den Pfannkuchenteig herstellen und quellen lassen. Inzwischen die Füllung zubereiten. Dafür die Zwiebeln schä-

len, in kleine Würfel schneiden. Die Hühnerlebern putzen, waschen, gut abtropfen lassen und etwas zerkleinern.
Zunächst die Zwiebeln in heißem Öl anbraten, bis sie glasig werden. Die Hühnerlebern mit Mehl bestäuben und zufügen, braten, bis kein blutiger Saft mehr austritt. Mit Madeira oder Sherry und Sahne oder Dosenmilch ablöschen, mit Salz und Pfeffer abschmecken. Warm halten.
Auf die übliche Weise Pfannkuchen braten. Die Füllung darauf verteilen, dann die Pfannkuchen aufrollen und auf eine heiße Platte legen. Kurz unter den Grill schieben, dabei aufpassen, daß die Oberfläche nicht zu dunkel wird. Feingehackte Petersilie darüberstreuen. Als Getränk helles kühles Bier oder kräftigen Rotwein dazu reichen.

Pfannkuchen mit Gänseleberfüllung

Zutaten von Grundrezept Nr. 1, 2, 4 oder 5, 200 g Gänseleber, 2 EL Mehl, 2 EL Öl, 1 Zwiebel, Salz, Pfeffer, Majoran, 6 EL Sahne, 2—3 EL Kognak

Zunächst den Pfannkuchenteig zubereiten. Während dieser quillt, die Füllung herstellen. Die Leber waschen, putzen, etwas zerkleinern. Mit Mehl überpudern. Das Öl erhitzen. Die Lebern bei nicht zu starker Hitze anbraten. Nebenbei die Zwiebeln schälen, in kleine Würfelchen schneiden und zur Leber geben. Kurz mitbraten lassen. Alles mit Salz, Pfeffer und Majoran abschmecken. Mit Sahne und Kognak auffüllen.
Die fertigen Pfannkuchen nach dem Backen mit der Lebermischung füllen. Aufrollen und nach Möglichkeit bald zu Tisch bringen.

Pfannkuchen mit Leberwurstfüllung

Zutaten von Grundrezept Nr. 1, 2 oder 5, 150 g Leberwurst, 5 EL Sahne, 1 Bund Schnittlauch, 80 g Frühstücksspeck, ½ Glas rote Bete

Die Pfannkuchen nach Grundrezept bereiten und warm stellen. Nebenbei die Leberwurst mit Sahne und kleingeschnittenem Schnittlauch cremig rühren. Die Leberwurst auf die vier Pfannkuchen verteilen, mit einem Messer verstreichen. Dann den kleingeschnittenen, knusprig ausgebratenen Frühstücksspeck und die Rote-Bete-Scheiben darauflegen. Die Pfannkuchen aufrollen und heiß auf den Tisch stellen. Mit Kopfsalat und einem kühlen Bier servieren.

Pfannkuchen mit Currygulasch gefüllt

Zutaten von Grundrezept Nr. 1, 2, 3 oder 5, 250 g Schweinefilet, 1 Zwiebel, 2 EL Öl, 1 gestrichener EL Mehl, 4 EL Sahne, 4 EL Weißwein oder Brühe, 1 kleine Dose Champignons, 1 kleine Banane, Salz, Pfeffer, einige Tropfen Tabasco, 1 EL Zitronensaft, 1 TL Curry

Eine vorzügliche Kombination.
Den Pfannkuchenteig nach Grundrezept zubereiten und stehen lassen. Dann die Füllung zubereiten. Das Filet in kleine Würfelchen schneiden. Die Zwiebel schälen und würfeln. Zunächst in einem kleinen Topf die Zwiebeln in heißem Öl etwas anschmoren, kurz darauf die Fleischwürfelchen hinzufügen. Wenn das Fleisch rundherum grau aussieht, das Mehl darüberpudern. Mit Sahne, Weißwein oder Brühe ablöschen,

aufkochen lassen. Die Champignons, je nach Größe ganz oder halbiert, mit dem Dosenwasser und die in Scheiben geschnittene Banane in den Topf geben. Mit Salz, Pfeffer, Tabasco, Zitronensaft und Curry würzig abschmecken. Die Mischung warm halten.
Nun die Pfannkuchen braten. Jeweils ein Viertel der Füllung auf einen fertigen Pfannkuchen geben und diesen zur Hälfte zusammenschlagen. Am besten als Tellergericht auf den Tisch stellen. Kopfsalat in einer Sahne-Kräuter-Sauce ist die ideale Ergänzung.

Französischer Pfannkuchenauflauf

Zutaten von Grundrezept Nr. 1 oder 2, 1 Zwiebel, 1 EL Öl, 400 g gemischtes Hackfleisch, ⅛ l Milch oder Mineralwasser oder Rotwein, 2 Eier, 1 EL kleine Kapern, 1 EL feingehackte Petersilie, Salz, Paprika, Pfeffer, Öl für die Form, gut ⅛ l Milch

Den Pfannkuchenteig zubereiten und quellen lassen. Dann die Füllung zubereiten. Die Zwiebel schälen, kleinhacken und in heißem Öl goldbraun braten. Mit Hackfleisch, Milch, Eiern, Kapern, Petersilie und den Gewürzen zu einer streichfähigen Fleischmasse vermengen. Nach dem Grundrezept Pfannkuchen braten. Jeweils ein Viertel des Fleischteiges auf die einzelnen Pfannkuchen streichen. Diese aufrollen. Quer in Viertel schneiden und aufrecht in eine feuerfeste, geölte Form stellen. Die Milch daraufgießen. Etwa 40 Minuten im Backofen (200° C / Gas 3½) überbacken und in der Form zu Tisch bringen.
Mit Tomatensauce und Bohnensalat servieren.

Pfannkuchen mit Ragout bolognese

Zutaten von Grundrezept Nr. 1 oder 2, 1 große Zwiebel, 1 kleines Stückchen Lauch, 1 EL Öl, 250 g gemischtes Hackfleisch, 1 Stückchen Sellerie, 1 kleine Möhre, $\frac{1}{8}$ l kräftiger Rotwein, 4 EL Tomatenmark, Salz, Pfeffer, Oregano, Thymian, Basilikum, eventuell $\frac{1}{8}$ l Brühe, 50 g Parmesan zum Bestreuen

Den Pfannkuchenteig zubereiten und zum Quellen beiseite stellen. Dann die Sauce kochen. Dafür die Zwiebel schälen, würfeln. Den Lauch putzen und in feine Ringe schneiden. Das Öl im Topf erhitzen. Zuerst die Zwiebel und den Lauch, dann das Hackfleisch im heißen Öl anbraten. Während das Fleisch brät, den Sellerie und die Möhre putzen. Das Gemüse am besten mit der Rohkostreibe direkt in den Topf reiben. Alles mit Rotwein ablöschen. Mit Tomatenmark, Salz, Pfeffer, Oregano, Thymian und Basilikum gut würzen. Wenn die Mischung zu dick ist, noch ein wenig Brühe zugießen. Zugedeckt mindestens 15 Minuten bei ganz geringer Hitze schmoren lassen, dann nochmals abschmecken. Die Pfannkuchen braten. Gleichmäßig mit dem Fleischragout bestreichen und aufrollen. Entweder nebeneinander auf einer Platte liegend und mit Parmesan bestreut auf den Tisch stellen. Oder die aufgerollten Pfannkuchen in jeweils 4 Stücke schneiden und aufrecht in eine gefettete Form setzen. Dann mit Käse bestreuen und nochmals 15 Minuten auf dem Rost auf der mittleren Schiene im heißen Backofen überbacken. Wer will, kann eine würzige Tomatensauce aus frischen Tomaten und einen grünen Salat dazu reichen. Als Getränk Rot- oder Roséwein.

Duisburger Eierkuchentorte

Zutaten von Grundrezept Nr. 1, 4 oder 5, 60 g Margarine oder Butter, 60 g Mehl, knapp ¾ l Brühe, Salz, Saft von ½ Zitrone, 1 kleine Dose Karotten, 1 kleine Dose Erbsen, 1 kleine Dose Spargelspitzen, 300 g gekochtes Kalbfleisch, 50 g geriebener Käse zum Bestreuen

Zunächst den Pfannkuchenteig zubereiten und diesen dann quellen lassen. Dann die Sauce für die Füllungen kochen. Dafür das Fett zergehen lassen, das Mehl darin anschwitzen und mit heißer Brühe ablöschen. Mit Salz und Zitronensaft abschmecken. Die Sauce in vier Portionen teilen und jeweils Karotten, Erbsen, Spargel oder das kleinwürfelig geschnittene Kalbfleisch darin heiß werden lassen. Die Füllungen nochmals abschmecken.
Aus dem Teig fünf große Pfannkuchen backen. Auf eine vorgewärmte runde Platte schichten. Dazwischen nacheinander die Füllungen geben. Die Platte im Backofen warm halten. Zum Schluß den Reibkäse obenauf streuen. Die Duisburger Eierkuchentorte nochmals ganz kurz übergrillen, damit der Käse zu schmelzen beginnt. Wie eine Torte in Stücke schneiden.

Die Süßen

Zwetschgenpfannkuchen

Zutaten von Grundrezept Nr. 3, 4 oder 5, 750 g frische, festfleischige Zwetschgen oder 1 große Dose Zwetschgen, 4 EL Zwetschgenwasser, Zucker zum Bestreuen, eventuell Zimt

Stellen Sie nach Grundrezept einen dicklichen Pfannkuchenteig her und lassen Sie diesen quellen.
In der Zwischenzeit die frischen Zwetschgen waschen, abtrocknen und entsteinen. Dosenfrüchte gut abtropfen lassen. Nun Fett in der Pfanne erhitzen, den Teig portionsweise hineingeben, sogleich mit Früchten belegen. Achten Sie darauf, daß die Schnittflächen nach oben weisen, damit die Früchte nicht zuviel Saft ziehen. Sowie der Teig in der Pfanne ist, die Hitze drosseln. Mit Deckel braten. Wie alle übrigen Fruchtpfannkuchen werden Zwetschgenpfannkuchen nicht gewendet und müssen darum langsam garen. Die Unterseite sollte goldgelb, die Oberseite trocken sein. Auf einen Teller gleiten lassen. Zwetschgenwasser darauf träufeln, Zucker, eventuell auch mit Zimt gemischt, separat dazu reichen.

Bananenpfannkuchen

Zutaten von Grundrezept Nr. 2, 3 oder 4, 4—6 Bananen, 4—6 EL Zitronensaft, Zucker und Zimt zum Bestreuen

Es gibt zwei Möglichkeiten, Bananenpfannkuchen zu backen. Sie können die Bananen mit der Gabel zerdrücken, mit Zitronensaft mischen und dann unter den fertigen, etwas dicklichen Pfannkuchenteig rühren. Sie können die Bananen aber auch, natürlich in Scheiben geschnitten, auf den Teig geben, ähnlich, wie Sie es vom Aprikosen- oder Zwetschgenpfannkuchen gewöhnt sind. Auf jeden Fall mit ein wenig Zitronensaft beträufeln, damit der Geschmack frischer wird. Zucker, nach Belieben mit Zimt gemischt, extra zu Tisch bringen. Probieren Sie doch einfach beide Zubereitungsarten aus und lassen Sie dann die Familienmitglieder entscheiden, was ihnen besser schmeckt.

Rhabarberpfannkuchen

3 Eier, 200 g Mehl, gut ¼ l Milch, ½ TL Salz, 2 EL Zwetschgenwasser, 800 g junger Rhabarber, Margarine, Öl oder Plattenfett zum Braten, Zucker zum Bestreuen

Die Eier mit Mehl, Milch, Salz und Zwetschgenwasser in eine Schüssel geben und schnell mit dem Schneebesen oder dem Elektroquirl zu einem dicklichen Pfannkuchenteig verschlagen. Diesen nach Möglichkeit 15 bis 30 Minuten stehen lassen.
Den Rhabarber putzen, waschen, mit Küchenkreppapier abtrocknen. Dann in etwa 2 cm lange Stücke schneiden.
Nun Fett in einer Pfanne mit dickem Boden heiß werden lassen, mit der Schöpfkelle portionsweise den Teig hineingeben. Den Teig unmittelbar nach dem Einfüllen dicht mit Rhabarberstückchen belegen. Bei mittlerer Brattemperatur mit einem Deckel langsam braten. Die Oberfläche des Pfannkuchens sollte trocken sein, von unten soll er goldbraun aussehen. Vorsichtig auf Teller gleiten lassen und sogleich servieren. Jeder streut sich nach Geschmack Zucker darauf.

Heidelbeerpfannkuchen

*3 Eier, 200 g Mehl, 50 g Kokosflocken, gut ¼ l Milch, ¼ TL Salz,
500 g Heidelbeeren, Margarine, Öl oder Plattenfett zum Braten,
6—8 EL Semmelbrösel zum Bestreuen, Zucker zum Bestreuen*

Die Eier mit Mehl, Kokosflocken, Milch und Salz in eine Schüssel geben und zu einem dicklichen Pfannkuchenteig verschlagen. Etwa 30 Minuten stehen lassen.
Inzwischen die Heidelbeeren verlesen, waschen und sehr gut abtropfen lassen. Anschließend das Fett in der Pfanne heiß werden lassen, etwas vom Teig hineingeben, die Beeren portionsweise darauf verteilen. Die Beeren mit der Schaufel gleich in den noch flüssigen Teig etwas eindrücken. Dann jeweils einen oder zwei Eßlöffel Semmelbrösel obenauf streuen. Diese binden die austretende Beerenflüssigkeit.
Wie alle Obstpfannkuchen werden auch Heidelbeerpfannkuchen bei schwacher Hitze und mit Deckel gebraten. Sie werden nicht gewendet. Mit Zucker bestreut servieren.

Apfelpfannkuchen

*Zutaten von Grundrezept 1, 2, 3, 4, 5 oder 6, 4 große mürbe Äpfel,
1 EL Zitronensaft, eventuell etwas Calvados oder Kirschwasser,
Zucker und Zimt zum Bestreuen*

Den Pfannkuchenteig bereiten und quellen lassen. Die Äpfel schälen, vierteln, das Kernhaus entfernen. In dünne Schnitze schneiden. Mit Zitronensaft beträufeln. Nun gibt es zwei verschiedene Methoden. Die eine Hausfrau gibt die vorbereiteten Apfelschnitze in den Teig und bäckt aus diesem

Pfannkuchen. Diese können gewendet werden. Die andere Hausfrau gibt zunächst etwas Teig in die Pfanne, verteilt darauf einen Teil der Apfelschnitze und brät diese Pfannkuchen mit einem Deckel bei milder Hitze. Sie werden nicht gewendet.

Der Vorteil der ersten Zubereitungsart liegt darin, daß die Pfannkuchen von beiden Seiten gebräunt werden, auch will mir scheinen, als sei die Herstellung rascher. Bei der zweiten Methode kann man mehr Äpfel im Verhältnis zum Teig verbrauchen. Experten übergießen die fertigen Pfannkuchen mit etwas Calvados oder Kirschwasser. Auf jeden Fall gehört etwas Zucker dazu, wird er mit Zimt gemischt, schmeckt es noch besser. Ganz sicher werden Ihre Apfelpfannkuchen großen Zuspruch finden, egal, für welche Zubereitungsmethode Sie sich entscheiden.

Orangenpfannkuchen

3 Eier, 200 g Mehl, ¼ l Mineralwasser, Saft von 3—4 Orangen, ¼ TL Salz, Schale von 1 ungespritzten Orange, Margarine, Öl oder Plattenfett zum Braten, ½ Glas Apfelgelee oder Aprikosenmarmelade, 50 g geröstete Mandelsplitter, Puderzucker zum Bestäuben

Für den Teig Eier, Mehl, Mineralwasser, Orangensaft, Salz und feingeriebene Orangenschale in eine Schüssel geben und mit dem Schneebesen oder dem Elektroquirl zu einem glatten Teig verschlagen. Den Teig kurz stehen lassen. Dann in einer großen Pfanne in heißem Fett nicht zu dicke Pfannkuchen backen. Diese mit etwas Apfelgelee oder Aprikosenmarmelade füllen. Mit Mandelsplittern bestreuen und aufrollen. Dünn mit Puderzucker überstäuben und gleich heiß zu Tisch bringen.

Kirschpfannkuchen

3 Eier, gut ¼ l Milch, 200 g Mehl, 1 gestrichener TL Backpulver, ½ TL Salz, 2 EL Kirschwasser, 800 g Sauerkirschen, Margarine, Öl oder Plattenfett zum Braten, Zucker zum Bestreuen, eventuell noch etwas Kirschwasser

Aus Eiern, Milch, mit Backpulver gesiebtem Mehl, Salz und Kirschwasser mit dem Schneebesen einen dicklichen Pfannkuchenteig schlagen, diesen etwas stehen lassen. Die Kirschen waschen, mit Küchenkrepp trocknen, unter den Teig mischen.

Nun in einer Pfanne mit dickem Boden Fett heiß werden lassen. Mit einem Schöpflöffel portionsweise den Teig in die Pfanne geben. Bei sehr mäßiger Hitze die Kirschpfannkuchen backen. Am besten einen Deckel auflegen. Die Pfannkuchen werden nicht gewendet. Heiß auftragen. Jeder streut sich Zucker nach Gusto über den heißen Pfannkuchen. Eventuell noch etwas Kirschwasser dazu servieren.

Sie können die Kirschen auch zuvor entsteinen, aber die Gefahr, daß die Pfannkuchen zu saftig werden, ist dann größer. Wer will, kann auch erst etwas Teig in die Pfanne geben und dann die Kirschen darauf verteilen.

Vorsichtig beim Essen sein: Die Kirschkerne werden sehr heiß!

Aprikosenpfannkuchen

Zutaten von Grundrezept Nr. 1, 2, 3, 4 oder 5, 1 große Dose Aprikosen oder 750 g frische, festfleischige Aprikosen, eventuell 4 EL Aprikosenlikör, Zucker zum Bestreuen

Zuerst den Pfannkuchenteig bereiten. Er muß ziemlich dicklich sein. Quellen lassen. Nun die Früchte vorbereiten. Dosen-

früchte gut abtropfen lassen. Frische Aprikosen halbieren und entsteinen. Das Fett in der Pfanne erhitzen. Portionsweise den Teig einfüllen und sogleich mit Früchten belegen. Die Schnittflächen sollten nach oben weisen, damit der Saft nicht herausläuft. Diese Pfannkuchen werden dicker als die normalen Pfannkuchen gebacken.
Wichtig: Die Hitze muß gleich nach dem Einfüllen des Teiges gedrosselt werden, später einen Deckel auflegen. Wie alle Fruchtpfannkuchen werden Aprikosenpfannkuchen nicht gewendet. Wenn die Unterseite goldbraun, die Oberseite dagegen trocken ist, den Pfannkuchen nach Belieben mit Aprikosenlikör beträufeln. Auf einen großen Teller gleiten lassen, zu Tisch bringen. Zucker dazu reichen. Mit dem restlichen Teig ebenso verfahren.

Griechische Pfannkuchen

2 Eier, 100 g Mehl, gut ⅛ l Milch, 1 Prise Salz, 4 EL geschälte Mandeln, 10 getrocknete Feigen, 3 EL Korinthen, Öl zum Braten, Zucker und Zimt zum Bestreuen

Eier mit Mehl, Milch und Salz gut verschlagen. Den Teig quellen lassen. Die Mandeln in schmale Stifte schneiden, am besten im Backofen goldgelb rösten. Die Feigen in schmale dünne Streifen schneiden. Mandelsplitter, Feigen und Korinthen in den Teig rühren. Den Teig noch ein wenig stehen lassen, damit die Trockenfrüchte etwas quellen können.
Nun in einer kleinen Pfanne Öl heiß werden lassen, den Teig portionsweise hineingeben. Die Pfannkuchen dürfen nicht zu dick sein. Sie werden langsam bei geringer Hitze gebacken, dann aufgerollt. Im vorgewärmten Backofen warm halten. Zucker und Zimt separat dazu reichen.
Eine sehr gute, sättigende Nachspeise.

Pfannkuchen mit Apfel-Käse-Creme

Zutaten von Grundrezept Nr. 1 oder 2, 150 g Doppelrahmfrischkäse, 6—8 EL Sahne, 2 EL Zucker, Saft von 1 Zitrone, etwas feingeriebene, ungespritzte Zitronenschale, 1 großer oder 2 kleine saure Äpfel, Puderzucker zum Bestäuben

Den Pfannkuchenteig bereiten und quellen lassen. Dann die Füllung zubereiten. Dafür den Frischkäse mit Sahne und Zucker, Zitronensaft und -schale glattrühren. Den Apfel nach Belieben schälen (unbedingt nötig ist das aber nicht) und mit der groben Rohkostreibe sogleich in die Käsecreme raspeln. Sofort unterrühren, weil sonst der Apfel braun wird. Abschmecken. Nun die Pfannkuchen backen. Die Apfel-Käse-Creme darauf verteilen und die Pfannkuchen aufrollen. Mit Puderzucker überstäubt auf den Tisch stellen.
Wer will, kann die Apfel-Käse-Creme noch mit Sultaninen, Vanillinzucker, Orangenlikör oder Kakaopulver verändern.

Pfannkuchenstrudel mit Quark-Apfel-Füllung

3 Eier, 200 g Mehl, gut ¼ l Milch, ½ TL Salz, Margarine, Öl oder Plattenfett zum Braten, 500 g Quark, ⅛ l saure Sahne, 1 Ei, 4 EL Zucker, 1 Päckchen Vanillinzucker, 2 große mürbe Äpfel, Saft von 1 Zitrone, 4 EL Sultaninen, 4 EL Rum, Fett für die Form, ¼ l Sahne oder Milch, Puderzucker zum Bestäuben

Aus Eiern, Mehl, Milch und Salz einen Pfannkuchenteig schlagen und quellen lassen. Den Quark mit Sahne, Ei, Zucker und Vanillinzucker gut verrühren. Die Äpfel schälen, dünn schnitzeln, mit Zitronensaft beträufeln. Nun dünne Pfannkuchen backen. Jeweils etwas von der Quarkcreme, dann einige Apfelschnitze, einige Sultaninen und etwas Rum daraufgeben. Aufrollen und nebeneinander in eine gut gefettete Form legen. Sahne oder Milch daraufgießen, die Form in den Backofen schieben. 20 bis 30 Minuten auf der mittleren Schiene backen. Mit Puderzucker bestäuben und schnell servieren.

Pfannkuchen mit kalifornischer Füllung

Zutaten von Grundrezept Nr. 1, 2 oder 3, 1 große Möhre, 1 säuerlicher Apfel, Saft von 1 Zitrone, 1 EL Honig, 2 EL Sultaninen, 250 g Hüttenkäse, Zucker und Zimt zum Bestreuen

Das Rezept kann selbstverständlich auch mit Quark abgewandelt werden, doch schmeckt es mir gerade mit Hüttenkäse besonders gut. Kinder mögen diese Pfannkuchen im allgemeinen sehr gerne.
Zunächst den Pfannkuchenteig herstellen, etwas quellen lassen. In der Zwischenzeit die Füllung bereiten. Die Möhre schälen, waschen, fein reiben. Den Apfel waschen, mit der Schale mittelfein reiben. Sogleich Möhre und Apfel mit Zitronensaft, Honig, Sultaninen und dem Hüttenkäse oder Quark verrühren, damit sich der Apfel nicht verfärbt.
Pfannkuchen nach dem Grundrezept backen, mit der Füllung bestreichen und aufrollen. Auf eine heiße Platte legen, mit Alufolie abdecken und in einem vorgewärmten Backofen fünf Minuten heiß werden lassen. Zu Tisch bringen. Jeder streut nach Gusto Zucker und Zimt darauf.

Früchte im Ausbackteig

2 Eier, ⅛ l Bier oder Mineralwasser, 1 Messerspitze Salz, 125 g Mehl, Öl oder Plattenfett zum Braten, 2—3 Äpfel oder 2—4 Bananen oder 4 Scheiben Ananas aus der Dose oder 500 g festfleischige Aprikosen und 2–3 EL Zitronensaft, 1 EL Zucker, Puderzucker oder Zucker und Zimt zum Bestreuen

Für den Teig die Eier mit Bier oder Mineralwasser, Mehl und Salz in eine Schüssel geben und mit einem Schneebesen verschlagen. Den Teig nach Möglichkeit etwas quellen lassen.
Die Äpfel ausbohren, schälen und in knapp fingerdicke Scheiben schneiden. Bananen schälen und halbieren, Ananasringe gut abtropfen lassen, Aprikosen halbieren und entkernen. Die vorbereiteten Früchte mit Zitronensaft beizen, leicht zuckern. Unbedingt nötig ist das aber nicht.
Nun in einer großen Pfanne reichlich Öl oder Plattenfett heiß werden lassen. Die Früchte nacheinander in den Teig tunken, damit sie rundherum benetzt werden, und im heißen Fett goldbraun braten. Mit Puderzucker bestreut servieren oder, beispielsweise bei Äpfeln, Zucker und Zimt dazustellen, so daß sich jeder nach Gusto bedienen kann.
Übrigens können Sie diese Früchte auch in der Friteuse in heißem Fett schwimmend garen, sie werden dann besonders schön gleichmäßig braun.
Wer will, kann sie zum Schluß mit hochprozentigem Likör oder Obstwasser übergießen und brennend zu Tisch bringen.

Crêpes

Es mag manchen Leser verwundern, daß ich den französischen Crêpes in diesem Buch ein eigenes Kapitel zubillige und diese Pfannkuchenversion nicht in der Gruppe der internationalen Spezialitäten am Ende des Buches unterbringe.
Das hat seine guten Gründe. Denn ich glaube, daß die Crêpes in den kommenden Jahren eine immer größere Popularität erreichen und bald — ähnlich wie Spaghetti bolognaise oder Pizza napolitaine — zu den beliebtesten Gerichten der internationalen Küche gehören werden. Gewiß wird sich auch der gute dicke deutsche Pfannkuchen weiter behaupten, aber überall dort, wo auf Kalorien geachtet wird, werden die Crêpes das Rennen gewinnen.
Bei Licht betrachtet sind Pfannkuchen und Crêpes das gleiche. Der wesentliche Unterschied zwischen beiden ist das Verhältnis von Ei zu Mehl und die daraus resultierende Dicke der gebratenen Gebilde. Bei Pfannkuchen ist der Mehlanteil recht hoch, obgleich er heute lange nicht mehr so hoch ist, wie das zur Jahrhundertwende oder gar in den dreißiger und vierziger Jahren war, wo es galt, recht sparsam mit teuren Nahrungsmitteln zu sein. Die heutige Tendenz, kohlenhydratarm, aber eiweißreich zu kochen, hat bei der Pfannkuchenteigbereitung unbedingt Erfolge erzielt. Noch mehr macht sich diese Tendenz bei den Crêpes bemerkbar.
Crêpes sind sehr dünne, meistens auch große Pfannkuchen, die aus einem feinen, ziemlich dünnflüssigen Teig mit viel Eiern und wenig Mehl gebraten werden.
Crêpes kann man eigentlich immer essen. Zum Brunch, als

kleinen Mittagsimbiß, als Vorgericht, als Nachspeise, zum Nachmittagskaffee auf der Terrasse oder dem Balkon, zum schnellen Abendessen oder als kleine Spätmahlzeit nach dem Fernsehen oder dem Theater. Das ist ja das für sie Typische: Crêpes sind hauchdünn, neuerdings auch klein, sie sind leicht und in so vielen Variationen zu servieren, daß man sie niemals leid wird. Nie beschweren sie unseren Magen. Sie werden pikant, mit Saucen, Salaten, oft auch übergrillt gereicht, schmecken aber nicht weniger gut auf alle möglichen süße Arten.

Wer ein Gefriergerät, vielleicht sogar einen Mikrowellenherd hat, den kann kein überraschender Besuch mehr aus der Fassung bringen. An langweiligen Regentagen können Dutzende von Crêpes auf Vorrat gebacken werden. Natur oder gefüllt werden sie eingefroren. Sie später aufzutauen und nach Lust und Jahreszeit zu variieren, ist dann kein Problem mehr. Und noch etwas spricht für unsere feinen Crêpes: Während das Backen der einzelnen Crêpes möglicherweise noch isoliert in der Küche erfolgt, ist das Füllen und Flambieren oft eine gemeinschaftliche Angelegenheit, an der sich an einem sonnigen Ferientag oder einem gemütlichen Kaminabend alle Gäste beteiligen.

Der Teig

Sicherlich kann man den Teig für Crêpes zubereiten und gleich darauf mit dem Braten beginnen, aber das Ergebnis wird dann niemals erstklassig sein. Wirklich gute Crêpes bekommen Sie nur, wenn Sie dem Mehl eine mindestens halbstündige Quellzeit gewähren. Ob es richtig ist, die Eier gleich unter den Teig zu rühren oder sie erst kurz vor dem Braten unterzumengen, darüber streiten sich die Geister. Die einen sagen, wenn sie kurz vor dem Backen zugefügt werden, seien die feinen Pfannkuchen besser. Die anderen hingegen behaupten, daß die sofortige Zugabe der Eier eine bessere Einschätzung der Flüssigkeitsmenge zulasse. Und die ist, das wissen wir alle, immer etwas von der Qualität des Mehles, natürlich auch vom mehr oder minder genauen Abmessen der Zutaten und der Eiergröße abhängig. Außerdem ist es praktischer, die Eier gleich zuzugeben, dann braucht man sich später nicht mehr um den Teig zu kümmern. Nur wenn ich das Eiweiß zu Schnee schlage, was bei Crêpes eigentlich sehr selten der Fall ist, füge ich persönlich den Eischnee im letzten Moment zu.

Nicht nur über den Zeitpunkt der Teigzubereitung sind die Köche geteilter Meinung, auch über die Reihenfolge der Zutatenzugabe bestehen große Meinungsverschiedenheiten. Manche vermengen zunächst Fett mit Eiern, Mehl und etwas Flüssigkeit, geben dann Gewürze und die übrige Flüssigkeit hinzu. Andere hingegen vermengen zunächst die Flüssigkeit mit Eiern und allen übrigen Zutaten — ausgenommen das Mehl. Das wird erst zum Schluß unter die Flüssigkeit geschlagen. Und nun möchten Sie vielleicht wissen, wie ich es halte? Wenn ich einen Teig für Crêpes zubereite, gebe ich alle, allerdings genau abgemessene oder gewogene Zutaten in eine Schüssel und vermische sie kurz mit dem Elektroquirl. Ich habe nie über Klumpen zu klagen und lasse den Teig grundsätzlich mindestens 30 Minuten quellen.

Crêpepfannen

Eigentlich werden Crêpes nicht in Pfannen, sondern auf großen, völlig planen eisernen Platten gebacken, die ursprünglich über dem Kohlenfeuer, später über Brennspiritusflammen erhitzt wurden. So hält man es auch heute noch in den zahllosen Crêperien, jenen Spezialrestaurants, ohne die die Franzosen kaum leben könnten, und die neuerdings auch bei uns immer beliebter werden. Die darauf gebackenen Crêpes sind denn auch wesentlich größer als unsere üblichen Pfannkuchen, dafür aber auch hauchdünn und zart. Es gehört einige Übung dazu, den Teig schnell und geschickt auf der heißen Eisenplatte zu verteilen, denn wichtig ist, daß er überall die gleiche Dicke hat und dadurch auch gleichmäßig bräunt. Für den Haushalt sind diese Crêpeplatten aber in der Regel zu aufwendig. In guten Haushaltswarengeschäften gibt es, aus Frankreich importiert, eiserne Pfannen, deren Boden ungewöhnlich dick ist, die aber völlig plan geschliffen sind und im Gegensatz zur normalen Bratpfanne nur einen knapp ½ cm hohen Rand haben. Sie müssen unbedingt vor dem ersten Gebrauch mit heißem Öl ausgeglüht werden, sonst erleben Sie ein böses Fiasko. Denn die zarten Gebilde neigen dazu, an diesen Eisenpfannen festzukleben. Verzweifeln Sie nicht, sondern probieren Sie es immer wieder. Mit der Zeit wird das Öl auf der Oberfläche der Pfanne einen Antiklebeffekt ausüben, die Resultate werden immer besser. Nur machen Sie nie den Fehler, Ihre nun nicht mehr klebende Crêpepfanne der Ordnung halber gründlich reinigen zu wollen. Wasser und Spülmittel sind nämlich grundsätzlich für alle Crêpepfannen tabu. Sie werden nur mit einem Stück Küchenkrepp ausgerieben, allenfalls dürfen Sie mit etwas grobem Salz nachhelfen, eventuelle Rückstände zu entfernen.

Für fleißige Crêpebäckerinnen hat die Industrie neuerdings spezielle Crêpepfannen entwickelt. Sie sind wesentlich kleiner als die traditionellen Eisenplatten, lassen sich daher auch leichter nach dem Gebrauch im Küchenschrank verstauen. Die Pfannen werden mit elektrisch beheizten

Drähten von innen beheizt, gute Modelle sind sogar mit Temperaturreglern ausgestattet und haben auf der Unterseite eine Vorrichtung, so daß das elektrische Kabel nach Gebrauch bequem aufgewickelt werden kann. Besonders praktisch an diesen Pfannen ist ihre kunststoffbeschichtete Oberfläche. Sie ermöglichen das Backen der zarten Gebilde mit ganz geringer Fettzugabe, garantieren das mühelose Ablösen der fertig gebackenen Küchlein. Die Crêpes werden auf diesen Pfannen nur einseitig gebacken, da sie aber so dünn sind, schadet das der Qualität nichts. Ob Sie ein flaches Modell wählen, auf das sie den Teig gießen, um ihn dann schnell mit einem Holz- oder Kunststoffspachtel glattzustreichen, oder ein leicht gewölbtes Modell vorziehen, ist Ansichtssache. Bei den gewölbten Modellen wird ein entsprechend geformter Teller mitgeliefert, auf den der Teig gefüllt wird, so daß man die Pfanne umgekehrt hineinhalten kann, die Benetzung mit Teig erfolgt gewissermaßen im Tauchverfahren. Es ist erstaunlich, wie gut Teigreste bei diesen Pfannen aufgebraucht werden können. Allerdings, um gute Resultate, also gleichmäßig dünne Crêpes backen zu können, bedarf es auch bei diesen Pfannen einiger Erfahrung. Hält man nämlich die Pfanne zu lange in den Teig, haftet die dünne Teigschicht nicht an der teflonbeschichteten Oberfläche und fällt beim Anheben der Pfanne wieder in den restlichen Teig zurück. Auch ist es wichtig, die Pfanne in horizontaler Lage aus dem Teigbad zu heben, weil sonst große Rutschgefahr besteht. Wer aber diese Anfangsschwierigkeiten erst einmal überwunden hat und mit dem Gerät umzugehen lernte, wird viel Freude an den damit gebackenen Crêpes haben. Die Resultate sind vorzüglich.

Neben den Spezial-Eisenplatten, gußeisernen Crêpepfannen und kunststoffbeschichteten Elektropfannen gibt es natürlich noch die Möglichkeit, Crêpes für den Hausgebrauch in einer ganz normalen Bratpfanne zu braten. Und diese Methode ist sicherlich nicht die schlechteste. Jede Hausfrau weiß, in welcher Pfanne sie am besten Eierkuchen backen kann, und jede schwört darauf, daß gerade diese und keine andere Pfanne dafür geeignet sei. Versuchen Sie aber bitte in jedem Fall, sehr dünne Crêpes zu backen. Für die Größe, das haben Sie inzwischen erfahren, gibt es keine Vorschriften. Nicht die Pfanne, sondern das, was darin ist, ist für den Gaumen ausschlaggebend. Und in diesem Sinn wünsche ich Ihnen von Herzen guten Erfolg beim Backen verführerischer Crêpes!

Grundrezepte

Grundrezept Nr. 1

150 g Mehl, 2 Eier, ¼ TL Salz, gut ¼ l Milch, 2 EL Rum

Mehl, Eier, Salz, Milch und Rum in eine Schüssel geben. Dann alle Zutaten kräftig mit einem Schneebesen oder dem Elektroquirl miteinander verschlagen. Aufpassen, daß keine Klumpen entstehen. Wenn Sie die Flüssigkeit nach und nach zugeben, ist die Gefahr der Klumpenbildung wesentlich größer.
Wichtig: Der Teig muß mindestens 30 Minuten, besser eine Stunde stehen, ehe die ersten Crêpes gebacken werden. Eventuell vor dem Backen noch ein wenig Milch oder Wasser zugeben. Der fertige Teig sollte die Konsistenz von dickflüssiger Sahne haben.
Ergibt ca. 12 Crêpes, 16 cm ⌀.

Grundrezept Nr. 2 (mit Bier)

2 EL zerlassene Butter, Margarine oder Öl, 2 Eier, 50 g Stärkemehl, 100 g Mehl, knapp ½ TL Salz, gut ¼ l Bier

Das Fett schmelzen und abkühlen lassen. Mit Eiern, Stärkemehl, Mehl, Salz und Bier in eine Schüssel geben und kräftig mit dem Schneebesen oder dem Elektroquirl verschlagen.
Den Teig zugedeckt mindestens 30 Minuten, besser eine Stunde quellen lassen.
Die Crêpes aus diesem Teig werden besonders dünn.
Wenn kein Stärkemehl zur Hand ist, kann der Teig auch aus 150 g Mehl bereitet werden.
Ergibt ca. 12 Crêpes, 16 cm ⌀.

Grundrezept Nr. 3 (mit Backpulver)

3 EL Butter, Margarine oder Öl, 3 Eier, 50 g Stärkemehl, 150 g Mehl, 1 gestrichener TL Backpulver, knapp ½ TL Salz, gut ¼ l Milch oder Mineralwasser, 2—4 EL Sahne

Zunächst das Fett zergehen und abkühlen lassen. Mit Eiern, Stärkemehl, Mehl, Salz, Backpulver und Milch oder Mineralwasser in eine Schüssel geben und mit dem Schneebesen oder dem Elektroquirl sehr kräftig verschlagen.
Den Teig mindestens 30 Minuten, besser eine Stunde quellen lassen. Dann noch etwas Sahne, ersatzweise Dosenmilch, darunterrühren. Die Crêpes aus diesem Teig werden sehr locker.
Ergibt ca. 16 Crêpes, 16 cm ⌀.

Grundrezept Nr. 4 (mit Hefe)

15 g Hefe, ½ TL Zucker, ¼ l Milch, 2 Eier, 150 g Mehl, knapp ½ TL Salz, 1 EL Öl

Zunächst die Hefe mit dem Zucker und einem Teil der leicht erwärmten Milch sowie einem Eßlöffel Mehl verrühren und 10 Minuten an warmer Stelle stehen lassen. Anschließend die restliche Milch, die Eier, das übrige Mehl, Salz und das Öl unterrühren.
Alle Zutaten kräftig mit dem Schneebesen oder dem Elektroquirl verschlagen. Es dürfen keine Klumpen entstehen. Den Teig an warmer Stelle nach Möglichkeit zwei bis drei Stunden stehen lassen, damit die Hefepilze sich vermehren.
Die aus diesem Teig gebackenen Crêpes werden nicht so dünn wie die übrigen, haben aber einen sehr würzigen Geschmack und eignen sich sowohl für süße als auch für pikante Füllungen.
Ergibt ca. 10—12 Crêpes, 16 cm ⌀.

Grundrezept Nr. 5 (mit Mineralwasser)

1—2 EL Butter, Margarine oder Öl, 2 Eier, knapp ½ TL Salz, 125 g Mehl, ¼ l Mineralwasser

Butter oder Margarine schmelzen lassen. Das Fett mit den Eiern, Salz, Mehl und Mineralwasser in eine Schüssel geben und alle Zutaten kräftig mit dem Schneebesen oder dem Elektroquirl verschlagen.
Vor dem Ausbacken den Teig mindestens 30 Minuten, besser eine Stunde quellen lassen.
Ergibt ca. 10 Crêpes, 16 cm ⌀.

Grundrezept Nr. 6 (mit Cidre)

3 EL Butter oder Margarine, 2 Eier, 1 Eigelb, 125 g Mehl, ¼ TL Salz, ¼ l Cidre (Apfelwein), ⅛ l Sahne oder Milch

Die Butter schmelzen und abkühlen lassen. Mit Eiern, Eigelb, Mehl, Salz, Cidre und Sahne oder Milch in eine Schüssel geben. Nun alle Zutaten kräftig mit einem Schneebesen oder dem Elektroquirl verschlagen.
Der Teig sollte nach Möglichkeit zwei Stunden stehen, kann aber auch schon nach einer Stunde verarbeitet werden.
Ergibt ca. 16 dünne Crêpes, 16 cm ∅.

Grundrezept Nr. 7 (mit Maismehl)

1 EL Öl, 2 Eier, 100 g Mehl, 50 g feingemahlenes Maismehl, ¼ TL Salz, gut ¼ l Milch, eventuell etwas Tabasco oder Chilipfeffer

Das Öl mit Eiern, Mehl, Maismehl, Salz und Milch in eine Schüssel geben und alle Zutaten kräftig mit einem Schneebesen oder mit dem Elektroquirl verschlagen. Der Teig muß unbedingt eine Stunde ruhen, damit das Maismehl etwas quellen kann. Die daraus gebackenen Crêpes haben einen sehr herzhaften Geschmack, besonders wenn der Teig mit Tabasco oder Chilipfeffer gewürzt wurde. Die Crêpes werden nicht so dünn wie die aus den übrigen Teigarten. Für das Tauchverfahren ist der Teig ungeeignet.
Ergibt 10—12 Crêpes, 16 cm ∅.

Grundrezept Nr. 8 (mit Weißwein)

1 EL Öl, 3 Eier, 125 g Mehl, ¼ TL Salz, gut ¼ l herber Weißwein

Dieser Teig ist vornehmlich für pikante Füllungen geeignet. Das Öl mit den Eiern, Mehl, Salz und dem Wein in eine Schüssel geben. Kräftig mit einem Schneebesen oder mit dem Elektroquirl verschlagen.

Sie können bei diesem Rezept aber auch die Eier zuvor teilen und das Eiweiß zu steifem Schnee schlagen. Es wird in dem Fall erst ganz kurz vor dem Backen unter den fertigen Teig gehoben. Wie bei allen übrigen Rezepten sollte auch dieser Teig vor dem Backen möglichst eine Stunde, besser noch länger, quellen.

Ergibt ca. 12 Crêpes, 16 cm Ø.

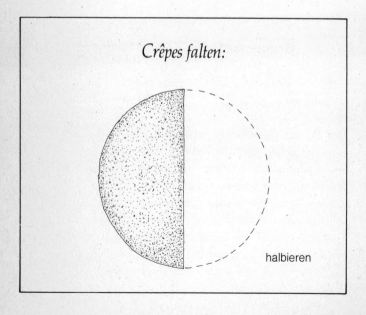

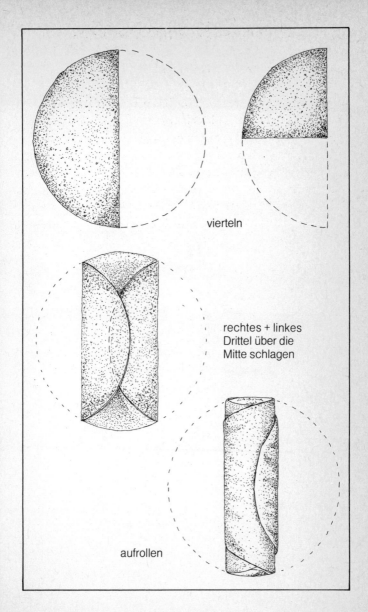

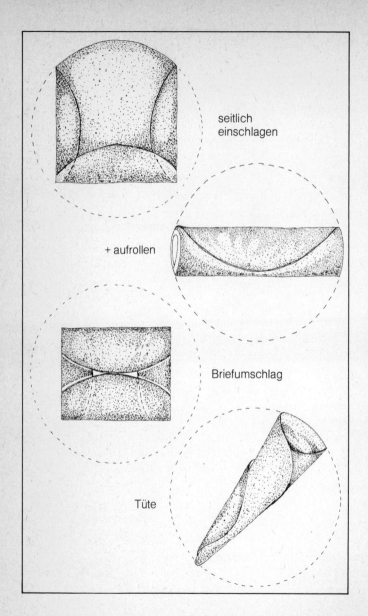

Pikante Variationen

Kräutercrêpes

Zutaten von beliebigem Grundrezept, 1 Bund Petersilie, 1 Bund Schnittlauch, Basilikum, Zitronenmelisse, Bohnenkraut, Pimpernell, Liebstöckel und Dill, eventuell etwas Knoblauch

Dieses Rezept ist eines der besten dieses Buches, aber leider können nur wenige Städter in den Genuß der vorzüglichen Pfannküchlein kommen. Die Kräuter sollten nämlich unbedingt frisch sein und solche zu erhalten, ist nur wenigen Städtern vergönnt.
Einen Crêpeteig schlagen, mit Salz würzen. Die Kräuter verlesen. Alle harten Stiele unbedingt entfernen. Dann die Kräuter waschen, mit Küchenkrepp trockentupfen, mit dem Wiegemesser oder der Petersilienmühle fein zerkleinern. Die Zusammensetzung der Mischung richtet sich nach dem persönlichen Geschmack. Es ist ratsam, großzügig mit der Zugabe von Basilikum, hingegen sparsam mit der von Liebstöckel zu sein. Ich selbst gebe zum Schluß noch ein Stückchen sehr fein gehackte Knoblauchzehe an den Teig. Aber sparsam!
Dann wie üblich dünne Crêpes backen, diese zusammenschlagen oder aufrollen und heiß am besten gleich aus der Pfanne servieren.

Kümmelcrêpes

Zutaten von beliebigem Grundrezept, 1 gestrichener EL Kümmelsamen, 1 EL Kümmelschnaps

Diese Crêpes eignen sich besonders gut als Imbiß zu einem gut gekühlten Hellen oder auch zu neuem Wein. Den Crêpeteig mit Kümmelsamen und -schnaps vermischen. Nehmen Sie bitte nicht aus Versehen süßen Kümmellikör! Dann in gewohnter Weise Crêpes backen und diese, am besten aufgerollt, gleich heiß aus der Pfanne den Gästen anbieten.

Crêpes mit Anchovisfüllung

Zutaten von beliebigem Grundrezept, 8 gewässerte Anchovisfilets, 1 Zwiebel, 2 Knoblauchzehen, 2 EL Olivenöl, 8—12 schwarze entsteinte Oliven, 2 EL eingelegte rote Paprikaschoten, Pfeffer, Oregano, Basilikum

Diese Füllung wurde in der Provence erfunden. Hinsichtlich der Quantität ist sie sehr bescheiden, hinsichtlich der Qualität hingegen läßt sie nichts zu wünschen übrig.
Zunächst den Crêpeteig zubereiten und quellen lassen. In der Zwischenzeit die Anchovis, Zwiebeln und Knoblauchzehen fein hacken. In einem kleinen Topf in heißem Olivenöl braten, bis die Zwiebelwürfel goldgelb sind. Feingehackte Oliven und rote Paprikaschoten zugeben. Die Masse mit Pfeffer und Kräutern sehr würzig abschmecken.
Nun die Crêpes backen. Jeweils etwas von der Füllung auf die Crêpes geben, diese dann aufrollen. Heiß servieren. Besonders gut zu kräftigem Rotwein oder kühlem Bier.

Crêpes mit Käse

Zutaten von beliebigem Grundrezept, 100 g feingeriebener Käse

Crêpeteig nach Grundrezept zubereiten, eine halbe Stunde quellen lassen, dann Crêpes backen. Nach dem Wenden die Crêpes gleichmäßig mit geriebenem Käse bestreuen. Das beste Resultat erzielen Sie, wenn Sie Parmesan mit Emmentaler oder Sbrinz zu gleichen Teilen mischen. Sie können aber auch zur Abwechslung etwas feingeriebenen Kräuterkäse (Schabzieger) oder Edelpilzkäse zugeben.
Wichtig ist, daß diese Crêpes bei sehr milder Hitze gebacken werden, denn der Käse sollte unbedingt schmelzen. Am besten aufgerollt servieren. Vorzüglich mit Tomatensauce.

Lothringer Speck-Crêpes

Zutaten von beliebigem Grundrezept, 50 g durchwachsener, geräucherter Speck, 50 g geriebener Emmentaler oder Sbrinz

Den Crêpeteig zubereiten und quellen lassen. Den Speck in sehr kleine Würfel schneiden, in einer Pfanne goldbraun werden lassen und ohne das ausgetretene Fett zum Teig geben. Den feingeriebenen Käse ebenfalls unter den Teig rühren. Dann Crêpes backen. Bei diesen Crêpes ist es wichtig, daß die Brattemperatur niedrig gehalten wird, weil sonst der Käse im Teig bräunt und die Crêpes bitter schmecken. Wer will, kann dem Teig zusätzlich noch eine halbe feingehackte Knoblauchzehe zugeben und dadurch einen besonders aparten Geschmack erzielen.

Crêpes, baltische Art

Zutaten von beliebigem Grundrezept, 4 Matjesfilets, 1 Zwiebel, 1 kleine Gewürzgurke, 1 kleines Glas eingelegte rote Bete, 2 EL saure Sahne oder Mayonnaise, 1 EL Kapern

Dieses Crêperezept findet immer sehr viel Zuspruch, besonders wenn dazu gut gekühltes Bier gereicht wird.
Den Crêpeteig herstellen und quellen lassen. Für die Füllung die Matjes je nach Salzgehalt mehr oder minder lang wässern. Matjes, geschälte Zwiebel, Gewürzgurke und abgetropfte rote Bete mit dem Wiegemesser oder dem Zwiebelhacker so zerkleinern, daß die einzelnen Bestandteile nicht mehr zu erkennen sind. Die Zutaten mit saurer Sahne oder Mayonnaise binden. Zum Schluß die Kapern hinzufügen.
Wenn der Teig genügend gequollen ist, Crêpes backen. Diese jeweils mit einem Eßlöffel von der Füllung bestreichen, der Länge nach aufrollen und auf eine Platte legen. Vor dem Servieren nach Möglichkeit für 5 bis 8 Minuten in den Backofen schieben, so daß sie durch und durch heiß werden.

Crêpes mit Krabbenfüllung

Zutaten von beliebigem Grundrezept, 1 kleine Zwiebel, 20 g Butter oder Margarine, 1 TL Mehl, 1 EL Kognak, 4—6 EL Sahne oder Dosenmilch, 200 g Krabben, Salz, weißer Pfeffer, etwas feingehackter Dill

Zuerst den Crêpeteig herstellen, quellen lassen. Dann die Zwiebel schälen, sehr fein hacken, in heißer Butter oder Margarine anschwitzen. Mit Mehl bestäuben, Kognak und Sahne zufügen. Dann die Krabben, Salz, Pfeffer und feingehackten Dill in den Topf geben, alles abschmecken und warm halten. Jetzt die Crêpes backen. Jeweils einen Eßlöffel von der Füllung auf die fertigen Crêpes geben, diese der Länge nach zusammenrollen und möglichst gleich nach der Fertigstellung den Gästen servieren.

Crêpes mit Krabbenfüllung, südfranzösische Art

Zutaten von beliebigem Grundrezept, 1 kleine Zwiebel, 1 kleine Knoblauchzehe, 1 EL Olivenöl, ½ TL Mehl, 2—3 Fleischtomaten, 4 entsteinte Oliven, 200 g Krabben, Salz, Pfeffer, etwas Thymian, Majoran, Basilikum und Rosmarin

Dieses Rezept kann auch mit Muscheln abgewandelt werden. Nach Möglichkeit frische Muscheln verwenden. Diese kurz erwärmen, so daß die Schalen sich öffnen, dann aus den Schalen lösen und anstelle der Krabben an die Sauce geben. Aber nun zunächst das Originalrezept.

Den Crêpeteig zubereiten und bis zum Backen zugedeckt beiseite stellen. Für die Füllung die Zwiebel und Knoblauchzehe schälen, sehr fein hacken und in heißem Olivenöl im Topf dünsten. Mit Mehl leicht bestäuben. Die zuvor überbrühten und geschälten Tomaten in kleine Stückchen schneiden und in den Topf geben. In der Regel sind die Tomaten so saftig, daß eine weitere Flüssigkeitszugabe überflüssig ist. Die Oliven in feine Scheiben schneiden, mit den Krabben in den Topf geben. Die Füllung mit Salz, Pfeffer und reichlich feingehackten Kräutern abschmecken. Basilikum nach Möglichkeit frisch verwenden! Die Füllung von der Kochstelle nehmen, da die Krabben durch langes Warmhalten hart werden.

Nun die Crêpes backen. Jeweils mit etwas von der Füllung bestreichen, vorsichtig aufrollen und auf eine Platte legen. Heiß zu Tisch bringen. Dazu schmeckt ein kräftiger Rotwein am besten!

Crêpes mit Hüttenkäse

Zutaten von beliebigem Grundrezept, 250 g Hüttenkäse, 1 kleine Zwiebel, 2—3 EL Tomatenpaprika aus dem Glas, 1—2 Peperoni aus dem Glas, 1 Bund Schnittlauch, Salz

Erst den Crêpeteig herstellen, damit das Mehl quellen kann. Dann die Füllung zubereiten. Dafür die Zwiebel schälen und würfeln. Tomatenpaprika gut abtropfen lassen, in kleine Stückchen schneiden. Peperoni und Schnittlauch ebenfalls fein schneiden. Alle Zutaten unter den Hüttenkäse rühren, dabei aufpassen, daß die Tomatenpaprika nicht zerdrückt werden. Die Füllung mit Salz würzig abschmecken.
Dann die Crêpes backen. Etwas von der Füllung daraufgeben, dann die Crêpes entweder wie Briefumschläge falten oder tütenartig zusammenrollen. Bis zum Verzehr warm halten.
Diese Crêpes schmecken am besten mit einem leicht gekühlten Roséwein und frischem grünem Salat in Kräutermarinade.

Crêpes à la Roquefort

Zutaten von beliebigem Grundrezept, 125 g Roquefort, 125 g Doppelrahmfrischkäse, 50 g geröstete, gehackte Mandeln, ¼ Zwiebel, 2—4 EL Sahne

Zunächst den Crêpeteig zubereiten und quellen lassen. Inzwischen den Roquefort mit der Gabel sehr fein zerdrücken, dann mit Frischkäse, gehackten Mandeln, feingewürfelter Zwiebel und Sahne zu einer glatten Paste verrühren.
Die Crêpes backen, dünn mit der würzigen Käsecreme bestreichen und zu Vierteln zusammenschlagen. Auf einer

vorgewärmten Platte über Wasserbad oder mit Alufolie abgedeckt im Backofen warm halten. Vorzüglich mit einem herben Weißwein.

Crêpes mit Sauce Mornay

Zutaten von beliebigem Grundrezept, 15 g Butter oder Margarine, 15 g Mehl, ¼ l Milch, 50 g feingeriebener Cantal, Emmentaler oder Greyerzer Käse, Salz, weißer Pfeffer, Butter für die Form, 2 EL geriebener Käse zum Bestreuen

Bereiten Sie zunächst die Crêpes zu und bedecken Sie sie mit einem Teller, damit sie nicht austrocknen.

Für die Sauce in einem kleinen Topf das Fett schmelzen, dann das Mehl darin anschwitzen und unter Rühren am besten mit heißer Milch ablöschen. 3 bis 5 Minuten unter Rühren durchkochen lassen, damit die Sauce nicht mehlig schmeckt. Mit Salz und Pfeffer abschmecken.

Die Crêpes mit jeweils einem guten Eßlöffel von der würzigen Sauce bestreichen, dann entweder zu Vierteln zusammenfalten oder aufrollen. In eine gefettete Form legen. Die übrige Sauce darübergeben und glatt verstreichen. Nun etwas Käse daraufstreuen. Für 5 bis 8 Minuten in den heißen Backofen oder unter den Grill schieben, damit der Käse sich leicht bräunt und das Gericht heiß wird. Als Vorspeise servieren.

Wenn Sie Gäste erwarten, können Sie das Gericht auch einige Tage zuvor fix und fertig herstellen und in der Backform mit Folie zugedeckt einfrieren. Frühzeitig auftauen lassen. Die Backzeit muß dann aber etwas verlängert werden.

Wer will, kann auch weiße Päckchensauce nehmen. Bei Tiefkühlung ist das besonders zu empfehlen, da sich diese Sauce besser gefrieren läßt.

Crêpes mit Sahnekäsecreme

Zutaten von beliebigem Grundrezept, 200 g Doppelrahmfrischkäse, ½ kleine Zwiebel, 1 Bund Schnittlauch, 3—4 EL Sahne, Salz, weißer Pfeffer, eventuell 1 Knoblauchzehe

Eine vorzügliche Crêpevariation!
Den Teig zubereiten und quellen lassen. Den Frischkäse mit kleingehackter Zwiebel, feingeschnittenem Schnittlauch, Sahne, Salz und Pfeffer glattrühren. Wer will, kann zusätzlich noch eine Knoblauchzehe schälen und durch die Knoblauchpresse in die Käsecreme drücken. In einer kleinen Pfanne in heißem Fett Crêpes backen, diese heiß mit der würzigen Käsemischung bestreichen und sogleich aufrollen. Auf einer vorgewärmten Platte, am besten über Wasserbad, bis zum Verzehr warm halten. Sie können aber auch die gefüllten Crêpes in eine flache, gebutterte Auflaufform legen, mit etwas Reibkäse überstreuen, zusätzlich etwas Sahne daraufgießen und dann nochmals für 10 Minuten in den heißen Backofen schieben und backen.

Crêpes mit Brätfüllung

Zutaten von beliebigem Grundrezept, 150 g Kalbfleischbrät (ungebrühte Bratwurstfüllung), 4 EL Mineralwasser, 150 g gekochter Schinken, 3 mittlere Fleischtomaten, 1 Bund Petersilie, 1 Eigelb, Worcestersauce, Fett für die Form, 50 g geriebener Parmesan zum Bestreuen

Zunächst den Crêpeteig zubereiten und quellen lassen. Für die Füllung das Kalbfleischbrät mit Mineralwasser verrühren.

Dann den Schinken in Würfel schneiden, die Tomaten brühen und würfeln. Beides zum Brät geben. Die Petersilie waschen und kleinhacken. Mit dem Ei an die Füllung geben. Diese mit Worcestersauce abschmecken.
Aus dem Teig 8 bis 12 Crêpes backen. Die Füllung daraufgeben. Die Crêpes wie Briefe zusammenfalten. Dann in eine gebutterte Auflaufform legen. Mit Reibkäse bestreuen.
Für 20 Minuten auf den Rost auf die mittlere Schiene in den vorgeheizten Backofen (200° C / Gas 3½) schieben und appetitlich goldbraun überbacken.

Crêpes mit Schinkenfüllung

Zutaten von beliebigem Grundrezept, 1 Päckchen helle Sauce, ⅛ l trockener Weißwein, ⅛ l Sahne oder Milch, 1 Eigelb, 150 g magerer gekochter Schinken, 2 EL geriebener Parmesan

Einen Crêpeteig zubereiten und quellen lassen. Aus dem Sahnepulver mit Weißwein und Milch nach Gebrauchsanweisung eine sämige holländische Sauce kochen. Von der Kochstelle nehmen und mit Eigelb legieren. Den Schinken von Schwarten und Fett befreien, in schmale Streifen schneiden. Mit dem Parmesan in die Sauce rühren.
Nun Crêpes backen, jeweils einen Eßlöffel von der Füllung auf die fertigen Crêpes geben, diese zusammenrollen und auf eine vorgewärmte Platte legen. Oder die Crêpes mit der Schinkensauce bestreichen und wie eine Torte aufeinanderschichten. In dem Fall auch tortenartig aufschneiden. Wer will, kann zur Schinkenfüllung noch eine kleine Dose in Scheibchen geschnittene Champignons oder eine halbe Dose feine Erbsen geben. Dann die Füllung mit feingehackter Petersilie abschmecken.

Crêpes mit Geflügelleberfüllung

Zutaten von beliebigem Grundrezept, 1 kleine Zwiebel, 250 g Geflügellebern, 50 g Pfifferlinge oder Champignons, 1 gestrichener TL Mehl, 1 kleines Glas kräftiger Rotwein, Oregano, Basilikum, Rosmarin, Salz, schwarzer Pfeffer

Erst einen Crêpeteig nach Grundrezept zubereiten und quellen lassen. Für die Füllung die Zwiebel schälen, sehr fein hacken. Die Lebern putzen, etwas kleiner schneiden. Mit den Zwiebelwürfeln in heißem Öl braten. Die Pilze putzen, waschen, kleinschneiden und zur Mischung geben, ebenfalls dünsten. Dann das Mehl über den Pfanneninhalt stäuben. Mit Rotwein ablöschen, kurz durchkochen lassen. Oregano, Basilikum und Rosmarin fein zerreiben, mit Salz und Pfeffer zur Leber geben. Würzig abschmecken. Die Füllung warm stellen.
Dann die Crêpes backen, die Füllung darauf verteilen. Die Crêpes zusammenfalten oder aufrollen und bis zum Verzehr warm halten.

Würstchen im Crêpehemd

Zutaten von beliebigem Grundrezept, 8 Frankfurster Würstchen, Senf

Zunächst den Crêpeteig zubereiten, dann die Würstchen in warmem Wasser erwärmen.
Crêpes backen, jeweils ein Würstchen auf die fertigen Crêpes legen und diese mit Senf bestreichen. Dann aufrollen und am besten gleich servieren.

Neapolitanische Crêpes

Zutaten von beliebigem Grundrezept, 2—3 Zwiebeln, 1 Knoblauchzehe, 1 Stückchen Lauch, 1 kleine Möhre, 1 Stückchen Sellerie, 1 EL Öl, 400 g gemischtes Hackfleisch, 1 TL Mehl, 4 EL Tomatenmark, 1 Glas Rotwein, Salz, Pfeffer, Oregano, Thymian, Basilikum, Fett für die Form, Parmesan zum Bestreuen

Erst den Crêpeteig herstellen und quellen lassen. Die Füllung bereiten. Dafür Zwiebeln, Knoblauch, Lauch, Möhre und Sellerie putzen und alles fein hacken. In einem Topf in heißem Öl andünsten. Dann das Hackfleisch zugeben und braten, bis es braun und krümelig wird. Mit etwas Mehl überpudern. Das Tomatenmark und den Rotwein zufügen, die Sauce mit Salz, Pfeffer, Oregano, Thymian und Basilikum gut würzen. Bei milder Hitze langsam köcheln lassen.
Jetzt die Crêpes backen. Auf jede Crêpe einen guten Eßlöffel von der heißen Fleischsauce geben, dann den kleinen Pfannkuchen zusammenfalten und in eine flache gefettete Auflaufform legen. Sollte zum Schluß noch etwas Füllung übrig sein, diese über die Crêpes verteilen. Zum Schluß den Reibkäse daraufstreuen. Im vorgeheizten Backofen (200° C / Gas 3½) eine gute Viertelstunde überbacken. Heiß zu Tisch bringen.
Schmeckt gut mit gemischtem Salat und kräftigem Rotwein.

Pariser Crêpes

Zutaten von beliebigem Grundrezept, 200 g Kalbfleisch, 20 g Butter oder Margarine, 1/8 l trockener Weißwein, 1 gestrichener EL Mehl, 1/8 l Sahne, 1 TL Kapern, Salz, Pfeffer, 1 Prise Thymian

Zunächst den Crêpeteig bereiten und quellen lassen. Für die Füllung das Kalbfleisch in kleine Würfelchen schneiden, in heißem Fett hell anbraten, mit Weißwein ablöschen und zugedeckt 15 Minuten dünsten. Dann das mit Sahne verrührte Mehl hinzugeben, die Sauce mit Kapern, Salz, Pfeffer und Thymian würzig abschmecken. Das Ragout warm halten.
Aus dem Teig acht dünne Crêpes backen, jeweils etwas von der Füllung auf die Mitte geben, dann die Crêpes wie einen Briefumschlag zusammenlegen und auf eine vorgewärmte Platte geben.
Eventuell Kopf- oder Feldsalat dazu reichen.

Crêpes mit Hackfleisch, bulgarische Art

Zutaten von beliebigem Grundrezept, 2—3 Zwiebeln, 2—3 Knoblauchzehen, 2 EL Öl, 400 g gemischtes Hackfleisch, 2 EL Rosenpaprika, 1/8 l Rotwein, 2 Becher Joghurt, 1 feingehackte Peperoni, Salz, Pfeffer, etwas Rosmarin, Fett für die Form

Den Crêpeteig zubereiten und quellen lassen. Dann die Füllung zubereiten. Dafür die Zwiebeln und Knoblauchzehen schälen, beides kleinhacken. In einem Topf in heißem Öl anbraten. Das Hackfleisch zugeben und braten, bis es krümelig wird. Leicht mit Mehl überpudern. Rotwein und Joghurt zufügen, kräftig mit Peperoni, Salz, Pfeffer und Rosmarin

würzen. Nicht mehr kochen lassen. Die Füllung am besten in einem Topf auf Wasserbad warm halten.
Nun die Crêpes backen. Jeweils mit einem guten Eßlöffel von der Fleischsauce füllen und zusammenfalten. In eine gefettete, feuerfeste Form setzen, mit der restlichen Fleischsauce überziehen und noch etwa 20 Minuten im vorgeheizten Backofen (200° C / Gas 3½) überbacken.

Provenzalische Crêpes

Zutaten von beliebigem Grundrezept, 2 Zucchini, 2 Fleischtomaten, 1 kleine Aubergine, 1 kleine rote Paprikaschote, 1 Zwiebel, 1 Knoblauchzehe, 3 EL Olivenöl, 1 Lorbeerblatt, Thymian, Basilikum, Oregano, ⅛ l trockener Weiß- oder Rotwein, Salz, Pfeffer, eventuell 1—2 Chilischoten, 2 EL Semmelbrösel, 2 EL Reibkäse, 20 g Butter

Nachdem Sie den Crêpeteig zubereitet haben, sollten Sie zunächst die Sauce kochen, denn diese gewinnt an Geschmack, wenn sie langsam brodelt.
Zucchini, Tomaten, Aubergine, Paprika, Zwiebel und Knoblauch gut putzen, dann in kleine Würfel schneiden. In einem dickwandigen Topf in heißem Olivenöl andünsten. Lorbeerblatt, Thymian, Basilikum und Oregano nicht zu sparsam zufügen. Mit Wein ablöschen, salzen und pfeffern. Das Gemüse ohne Deckel bei kleinster Flamme brodeln lassen. Wer will, kann es noch mit etwas zerstoßenem Chili würzen.
Nun Crêpes backen. Die fertigen Pfannküchlein jeweils mit einem guten Eßlöffel von der duftenden Gemüsemischung füllen, aufrollen und in eine Form legen. Die restliche Sauce darübergießen. Semmelbrösel, Reibkäse und Fettflöckchen obenauf geben. Das Gericht im vorgeheizten Backofen (200° C / Gas 3½) auf dem Rost auf der mittleren Schiene etwa 20 Minuten backen und in der Form zu Tisch bringen.

Crêpes Guacamole

Zutaten von beliebigem Grundrezept, 2 Avocados, 2 EL Zitronensaft, einige Tropfen Tabasco, 1 TL Worcestersauce, Salz, Pfeffer, 1 Prise Cayenne

Zunächst den Crêpeteig zubereiten, so daß das Mehl quellen kann. Für die Füllung die Avocados schälen, den Kern entfernen. Die Früchte mit einer Gabel zerdrücken. Sofort mit Zitronensaft beträufeln, weil sich das Fruchtfleisch sonst häßlich braun verfärbt. Die Paste mit Tabasco, Worcestersauce, Salz, Pfeffer und Cayenne würzig abschmecken. Das Schälchen zugedeckt bis zur weiteren Verarbeitung in den Kühlschrank stellen. Dann die Crêpes backen. Jeweils etwas von der Füllung daraufgeben, die Pfannküchlein wie Briefumschläge zusammenfalten oder zunächst beide Seiten einschlagen, dann die Crêpes aufrollen. Möglichst bald servieren.
Sehr gut als Vorspeise!

Crêpes mit Artischockenherzen

Zutaten von beliebigem Grundrezept, 20 g Butter oder Margarine, 20 g Mehl, knapp ¼ l Flüssigkeit (teils Artischockenwasser, teils Milch oder Sahne), 1 Eigelb, 1 TL Zitronensaft, Salz, 1 kleine Dose Artischockenherzen, Butter für die Auflaufform, 2 EL Reibkäse zum Bestreuen

Damit das Mehl quellen kann, ist es ratsam, zunächst den Teig anzurühren. Dann die Füllung zubereiten. Das Fett im Topf zergehen lassen, das Mehl darin anschwitzen. Nach

Möglichkeit mit heißer Flüssigkeit ablöschen und dabei heftig rühren, so daß keine Klumpen entstehen. Eigelb mit Zitronensaft und Salz verrühren, die Sauce damit legieren. Sie darf nun nicht mehr erhitzt werden, weil sonst das Eigelb gerinnt. Die Artischockenherzen eventuell noch etwas zerkleinern, in der Sauce vorsichtig erwärmen. Die Füllung bis zur Verwendung am besten auf Wasserbad warm halten.
Dann die Crêpes backen. Jeweils einen guten Eßlöffel von der Füllung auf die Crêpes geben, die Seiten einschlagen, zum Schluß die Pfannküchlein aufrollen. In einer gefetteten Form mit Reibkäse bestreut für 5 bis 8 Minuten in den heißen Backofen schieben.
Dazu paßt ein herber Weißwein.

Crêpes mit Palmitofüllung

Zutaten von beliebigem Grundrezept, 1 große Dose Palmitos (Palmenherzen), 10 entsteinte Oliven, 2 EL Zitronensaft, 2 EL Mayonnaise, Salz, weißer Pfeffer

Damit das Mehl quellen kann, zunächst den Crêpeteig schlagen. Dann die Füllung vorbereiten. Die Palmitos gut abtropfen lassen und in etwa 1 cm dicke Scheiben schneiden. Sehr dicke Triebe zuvor halbieren oder vierteln.
Die Oliven sehr klein hacken. Palmitos mit Oliven, Zitronensaft, Mayonnaise, Salz und Pfeffer verrühren und abschmecken.
Nun die Crêpes backen. Auf jede Crêpe etwas von der Palmitofüllung geben. Zum Schluß die beiden Seiten einschlagen und die Pfannküchlein aufrollen.
Als Vorspeise zu Tisch bringen.

Crêpes mit Pfifferlingfüllung

Zutaten von beliebigem Grundrezept, 50 g durchwachsener, geräucherter Speck, 1 kleine Zwiebel, 250 g frische Pfifferlinge, 1 gestrichener TL Mehl, 3 EL Crème fraîche, Salz, Pfeffer, etwas feingehackte Petersilie, Fett für die Form, 2 EL Reibkäse zum Bestreuen

Zunächst den Crêpeteig schlagen und ruhen lassen. Für die Füllung den Speck kleinwürfelig schneiden und auslassen. Die Zwiebel schälen, sehr fein hacken, zum Speck geben und hell dünsten. Die Pfifferlinge putzen, waschen, etwas zerkleinern und mitbraten. Leicht mit Mehl überpudern. Dann die Crème fraîche zugeben. Eventuell noch etwas Brühe zugießen. Die Pilze mit Salz, Pfeffer und feingehackter Petersilie abschmecken und warm halten.
Nach dem Backen alle Crêpes mit der würzigen Pilzsauce füllen. Zu Vierteln zusammenschlagen und auf eine gebutterte flache Auflaufform legen. Den Reibkäse daraufstreuen. Für 5 bis 8 Minuten auf den mittleren Rost in den gut vorgeheizten Backofen schieben und warten, bis der Käse zu schmelzen beginnt. Warm in der Form zu Tisch bringen.

Crêpes mit Zwiebelfüllung I

Zutaten von beliebigem Grundrezept, 400 g große Zwiebeln, 50 g durchwachsener, geräucherter Speck, Salz, weißer Pfeffer, 1 TL Zitronensaft

Erst den Crêpeteig zubereiten und quellen lassen. Für die Füllung die Zwiebeln schälen, halbieren und in feine Scheiben schneiden oder dünn hobeln. Dann den Speck würfeln und in

einer Pfanne glasig braten. Die Zwiebeln zufügen und dünsten, bis sie weich sind. Würzig mit Salz, Pfeffer und etwas Zitronensaft abschmecken. Die Füllung warm halten.
Die Crêpes backen. Portionsweise etwas von der heißen Zwiebelmasse auf die Crêpes geben, diese entweder aufrollen oder zu Vierteln zusammenlegen und möglichst bald mit kühlem Bier oder jungem Wein servieren.

Crêpes mit Champignonfüllung

Zutaten von beliebigem Grundrezept, 1 kleine Zwiebel, 250 g Champignons, 1 EL Zitronensaft, 20 g Butter oder Margarine, 1 gestrichener TL Mehl, 1 EL Tomatenmark, 1/8 l trockener Weißwein, Salz, Pfeffer, Fett für die Form, 50 g geriebener Emmentaler, 10 g Butter

Zunächst den Crêpeteig nach Vorschrift zubereiten und quellen lassen. Die Füllung bereiten. Die Zwiebel schälen und sehr klein hacken. Die Champignons putzen, waschen, dann in Scheiben schneiden und sogleich mit Zitronensaft beträufeln, damit sie sich nicht verfärben. In einem Topf die Butter oder Margarine erhitzen, die Zwiebelwürfel und Champignonscheiben darin hell andünsten. Anschließend das Mehl darüberstäuben, Tomatenmark, Weißwein, Salz und Pfeffer zugeben und die pikante Füllung kurz durchkochen lassen. Warm halten.
Die Crêpes backen, mit der Mischung bestreichen und aufrollen. In eine gefettete feuerfeste Form legen. Zum Schluß dick mit geriebenem Käse bestreuen, dann Butterflöckchen aufsetzen. Bei starker Hitze (200° C / Gas 3½) auf dem mittleren Rost im vorgeheizten Backofen überbacken und in der Form zu Tisch bringen.

Crêpes mit Spargelfüllung

Zutaten von beliebigem Grundrezept, 1 Päckchen weiße Sauce, ¼ l Spargelwasser und Brühe, 2 EL Sahne, 1—2 Eigelb, 1 TL Zitronensaft, etwas Muskat, 1 kleine Dose Spargelspitzen

Zunächst den Crêpeteig zubereiten, quellen lassen. Für die Füllung die weiße Sauce nach Gebrauchsanweisung kochen. Dafür das Spargelwasser aus der Dose verwerten. Die Sauce von der Kochstelle nehmen. Die Sahne mit dem Eigelb verrühren, an die Sauce geben. Alles gut mit Zitronensaft und Muskat abschmecken, zum Schluß die Spargelspitzen halbieren und unter die heiße Sauce mischen. Achtung, wenn die Sauce legiert ist, darf sie keinesfalls mehr kochen, weil sonst das Eigelb gerinnt.
Die Crêpes nach Vorschrift braten. Mit den Spargelspitzen füllen und entweder zur Hälfte zusammenschlagen oder wie Briefumschläge zusammenfalten. Auf eine vorgewärmte Platte legen und mit Alufolie bedeckt im Backofen warm halten.

Crêpes mit Zwiebelfüllung II

Zutaten von beliebigem Grundrezept, 3 große Gemüsezwiebeln, Salz, weißer Pfeffer, Cayennepfeffer, 1 EL Zitronensaft, 20—30 g Butter oder Margarine

Zunächst den Crêpeteig herstellen und quellen lassen. Inzwischen die Zwiebeln schälen, dann mit dem Gurkenhobel in feine Ringe hobeln. Mit Salz, Pfeffer, Cayenne und Zitronensaft würzen. In einer großen Pfanne in heißer Butter oder Margarine unter Rühren goldbraun braten. Warm halten. Die Crêpes backen, mit der Zwiebelfülle bestreichen, dann zu

Vierteln oder Taschen zusammenschlagen oder aufrollen. Heiß servieren.

Sie können die gefüllten Zwiebelcrêpes aber auch in eine gefettete Auflaufform geben, etwas Milch oder Sahne daraufgießen, einige Eßlöffel geriebenen Käse daraufstreuen und das so vorbereitete Gericht im Ofen nochmals kurz überbacken.

Crêpes mit Spinatfüllung

Zutaten von beliebigem Grundrezept, 1 Packung Tiefkühl-Rahmspinat, Muskat, 50 g Frühstücksspeck, 2 EL Paniermehl, 2 EL geriebener Emmentaler Käse

Zunächst den Crêpeteig zubereiten und quellen lassen. Den Tiefkühlspinat langsam bei milder Hitze auftauen, nur kurz durchkochen. Er sollte unbedingt seine frischgrüne Farbe behalten. Mit Muskat abschmecken. Den Frühstücksspeck von Schwarten befreien, kleinschneiden, dann in einer Pfanne auslassen. Mit einem Teil des ausgetretenen Fetts eine flache feuerfeste Form fetten, das restliche Fett zum Braten der Crêpes verwerten. Nun die Crêpes braten. Nacheinander mit dem abgeschmeckten Spinat füllen, aufrollen und in die Form legen. Wenn alle Crêpes gebraten sind, den mit Paniermehl gemischten Käse obenauf streuen. Dann die Speckgrieben darauf verteilen.

In den vorgewärmten Backofen (200° C / Gas 3½) schieben und etwa 10 Minuten backen, so daß das Gericht heiß wird und der Käse zu schmelzen beginnt. In der Form zu Tisch bringen.

Wer will, kann zum Schluß — ehe das Paniermehl-Käse-Gemisch auf die fertig gefüllten Crêpes gestreut wird — noch zusätzlich eine Schicht Tomatenscheiben auf die Crêpes legen. Dann die Backzeit um 4 bis 5 Minuten verlängern.

Pikante Crêpestorte

Zutaten von beliebigem Grundrezept, 1 große Zwiebel, 1 Knoblauchzehe, 1 rote Paprikaschote, 1 grüne Paprikaschote, 250 g gemischtes Hackfleisch, 3 Fleischtomaten, 1 Sardellenfilet, Salz, Pfeffer, einige Tropfen Tabasco, ¼ l saure Sahne, 1 EL Mehl, 1 TL Paprika, Fett für die Form

Zunächst den Crêpeteig zubereiten und quellen lassen. In der Zwischenzeit Zwiebel und Knoblauchzehe schälen, beides fein hacken. Die Paprikaschoten von Stielen und Kernen befreien, waschen, in schmale, dünne Streifen schneiden. Mit dem Hackfleisch in einen Schmortopf geben und ohne weitere Fettzugabe braten, bis das Fleisch krümelig wird und leicht bräunt. Dann die geschälten, gewürfelten Tomaten und das kleingehackte Sardellenfilet zufügen, mit Salz, Pfeffer und Tabasco würzig abschmecken.
Die Crêpes braten. Schichtweise mit der Fleischsauce in eine runde Auflaufform füllen. Die Sahne mit Mehl und Paprika verschlagen, darübergießen.
Im vorgeheizten Backofen auf der mittleren Schiene 40 bis 45 Minuten bei 200° C / Gas 3½ backen.

Crêpes Singapur

Zutaten von beliebigem Grundrezept, ¼ l Wasser, 1 Päckchen Currysauce, 1 EL Tomatenpaprika aus dem Glas, 1 Dose Thunfisch in Öl, 1 kleine Banane, 1 EL Zitronensaft, 1 EL Sahne oder Dosenmilch, 2 EL Kokosflocken, eventuell etwas Curry

Zuerst den Teig für die Crêpes schlagen, damit das Mehl quellen kann. Dann die Füllung zubereiten. Dafür das Wasser mit der Currysauce zum Kochen bringen. Kurz durchkochen lassen. Die Tomatenpaprika in kleine Stückchen schneiden. Die Banane in dünne Scheiben schneiden. Den Thunfisch abtropfen lassen, das Öl nicht mitverwenden. Den Fisch in kleine Stückchen zerpflücken, jedoch nicht so fein, daß die Sauce musig wird! Paprika, Bananenscheiben und Fischstückchen unter die Sauce rühren, diese noch mit Zitronensaft und Sahne oder Dosenmilch sowie den Kokosflocken abschmecken. Eventuell noch etwas mit Curry nachwürzen. Das Gericht warm halten.

Nun Crêpes backen. Entweder abwechselnd mit der Füllung tortenähnlich aufeinanderschichten oder jeweils mit einen Eßlöffel von der Füllung auf die heißen Crêpes geben und diese dann zu schmalen langen Rollen aufrollen. Gleich heiß als Vorgericht servieren.

Bier oder Mineralwasser wären als Getränk passend.

Crêpes mit Eierfüllung

Zutaten von beliebigem Grundrezept, 4 Eier, 1 kleine Dose Hummersuppe, 2 EL Sahne, 1 TL Zitronensaft, Pfeffer oder Curry, 2 EL geriebener Emmentaler

Diese Crêpes lassen sich gut vorbereiten und schmecken zu leicht gekühltem Weißwein vorzüglich.

Den Teig schlagen und quellen lassen. Für die Füllung die Eier zirka 8 Minuten hartkochen, abschrecken, schälen und in Scheiben schneiden. Die Hummersuppe unverdünnt erhitzen, mit Sahne und Zitronensaft verbessern, die Eierscheiben vorsichtig darunterrühren. Zum Schluß mit etwas Pfeffer oder Curry nachwürzen.

Die Crêpes backen, jeweils einen Eßlöffel von der Füllung auf die Mitte der fertigen Crêpes setzen, diese dann zu Vierteln zusammenklappen. Auf eine vorgewärmte Platte legen, zum Schluß dünn mit Reibkäse bestreuen und für etwa 5 Minuten unter den heißen Grill schieben, damit der Käse schmilzt und die Crêpes noch einmal gut erhitzt werden.

Crêpe Suzette und andere

Crêpe Suzette

Über die Entstehung dieses weltberühmten Gerichtes gibt es viele verschiedene Versionen. Eine berichtet, daß diese süßen Pfannküchlein in einem Restaurant nahe der Oper zubereitet worden seien. Da die Hauptdarstellerin Suzette hieß, wurde die Nachspeise entsprechend getauft.

Eine andere Version sagt, daß ein kleiner Küchenjunge aus Aufregung die Pfanne mit der süßen Sauce für die Pfannkuchen zu dicht an das offene Herdfeuer hielt, so daß der Inhalt versehentlich Feuer fing. Eile war geboten, er mußte wohl oder übel seinem Herrn das Gericht bringen. So tat er die Pfannküchlein rasch in die Sauce, goß abermals etwas Likör darüber, zündete diesen an und servierte. Man war entzückt.

Richtig ist wohl die Erzählung, daß der berühmte Koch Henri Charpentier diese Speise für den Kronprinzen von Wales kreierte. Charpentier führte ein berühmtes Restaurant in der Nähe der Pariser Oper, in dem der Prinz in Begleitung hübscher Damen zu dinieren liebte. Gar zu gerne hätte Charpentier seine Erfindung nach dem Prinzen genannt, doch war dieser dazu viel zu galant. Ob Midinette oder Soubrette, sicher ist, daß Mademoiselle Suzette äußerst charmant war und durch dies nach ihr benannte Gericht unsterblich wurde!

Aber nun zum Rezept:

Zutaten von beliebigem Grundrezept, 3 ungespritzte Orangen, 1 ungespritzte Zitrone, 10 Stück Würfelzucker, 40 g Butter, 2 EL Zucker, 2 Likörgläser Grand Marnier, 2—3 Likörgläser Kognak

Den Crêpeteig schlagen, stehen lassen, dann Crêpes backen und diese nach dem Backen zu Vierteln zusammenklappen.
Für die Sauce die Zitrusfrüchte waschen, abtrocknen, dann die Schale mit dem Würfelzucker abreiben, so daß die ätherischen Öle vom Zucker aufgesaugt werden. Anschließend die Früchte auspressen.
Nun die Butter in einer Pfanne schmelzen lassen, den Streuzucker und die zerstoßenen Zuckerwürfel hineingeben. Wenn der Zucker geschmolzen ist (er sollte aber nicht bräunen!), den Fruchtsaft in die Pfanne gießen. Unter Rühren etwas einkochen lassen. Dann den Grand Marnier dazugießen. Jetzt die zusammengelegten Crêpes in der Sauce heiß werden lassen, einige Male wenden, damit sie die Sauce aufsaugen. Zum Schluß den Kognak über den Pfanneninhalt gießen, warm werden lassen, dann mit einem langen Streichholz anzünden. Ausbrennen lassen und sofort servieren.
Dieses Gericht eignet sich vorzüglich für die Bereitung bei Tisch. Dann können alle Gäste an dem schönen Flammenspiel teilhaben. Sorgen Sie für gedämpftes Licht. Es versteht sich von selbst, daß die dafür nötigen Crêpes zuvor in der Küche zubereitet werden.

Zimtcrêpes

Zutaten von beliebigem Grundrezept, 1 gestrichener TL Zimt, 2 EL Rum, Puderzucker zum Bestäuben

Es ist erstaunlich, mit welch geringem Aufwand ein Rezept grundlegend verändert werden kann.
Mischen Sie unter den fertigen Crêpeteig Zimt und Rum. Dann wie beschrieben dünne Crêpes backen. Diese aufrollen, mit Puderzucker bestäuben und warm zu Tisch bringen. Apfelmus schmeckt vorzüglich als Beigabe. Oder reichen Sie warmes, mit Sultaninen vermischtes Apfelkompott dazu.

Crêpes mit Ingwerbutter

Zutaten von beliebigem Grundrezept, 50 g kandierte Ingwerknollen, 50 g Butter, 1 Gläschen Ingwersirup, 1 Gläschen Rum, 2 EL Zitronensaft, Puderzucker zum Bestreuen

Zunächst den Crêpeteig zubereiten und nach Möglichkeit 30 Minuten quellen lassen. Dann dünne Crêpes backen, diese zu Vierteln zusammenklappen und warm halten.
Nebenbei den Ingwer sehr fein hacken. Wenn alle Crêpes gebacken sind, die Butter in die Pfanne geben, schmelzen lassen, den feingehackten Ingwer, Sirup, Rum und Zitronensaft in die Pfanne geben. Erhitzen, dann die Crêpes darin wenden. Heiß werden lassen. Die Pfanne von der Kochstelle nehmen, die Crêpes mit Puderzucker bestäuben und am besten in der Pfanne zu Tisch bringen.
Wenn Sie eine Flambierpfanne mit einem Rechaud haben, können Sie die Ingwerbutter auch bei Tisch bereiten und die fertigen Crêpes vor den Gästen in der Pfanne erhitzen. Wer will, kann zusätzlich noch ein Gläschen hochprozentigen Rum über die heißen Crêpes gießen und diese dann bei Tisch flambieren.

Crêpes mit Nußbutter

Zutaten von beliebigem Grundrezept, 100 g Nußkerne (Haselnüsse, Walnüsse, Pecannüsse), 20 g Butter, 3—4 EL Zucker, Zimt, $1/8$ l Wasser oder Sahne, Puderzucker zum Bestäuben

Den Crêpeteig zubereiten und quellen lassen. Die Nüsse fein hacken. Butter in der Pfanne erwärmen, die Nüsse darin

unter stetigem Rühren goldbraun rösten. Dann den Zucker dazugeben und etwas karamelisieren lassen. Mit Zimt — jedoch nicht zu kräftig — würzen und mit heißem Wasser oder Sahne ablöschen.
Nun Crêpes backen. Jeweils einen Eßlöffel von der heißen Nußmasse auf die Crêpes geben, etwas verstreichen, dann die Crêpes aufrollen. Auf eine vorgewärmte Platte legen. Vor dem Servieren mit Zucker leicht überpudern.

Crêpes mit Zitronenbutter

Zutaten von beliebigem Grundrezept, 100 g geschälte, feingeriebene Mandeln, 20 g Butter, 4—5 EL Zucker, Saft von 2 Zitronen, feingeriebene Schale von 1 ungespritzten Zitrone, 3—4 EL Wasser oder Kirschwasser, Puderzucker zum Bestäuben

Dies ist eine sehr feine Crêpeversion.
Den Teig zubereiten und eine halbe Stunde quellen lassen. Die geriebenen Mandeln unter stetigem Rühren in einem kleinen Topf in der heißen Butter hell anrösten, damit ein guter Geschmack entwickelt wird. Dann den Zucker, Zitronensaft und -schale sowie Wasser oder besser noch etwas Kirschwasser zugeben. Abschmecken, ob die Masse süß genug ist. Warm halten.
Nun goldgelbe Crêpes backen. Jeweils etwas von der Mandelmasse auf die Crêpes geben, verstreichen. Die Crêpes zu Vierteln zusammenlegen, auf eine vorgewärmte Platte setzen. Nochmals kurz unter den heißen Grill schieben, damit sie anschließend heiß serviert werden können. Kurz vor dem Auftragen mit Puderzucker bestäuben.

Zitronencrêpes

Zutaten von beliebigem Grundrezept, 100 g Butter, 3 Eier, 200 g Zucker, ½ Tasse Zitronensaft, feingeriebene Schale von 1 ungespritzten Zitrone, Puderzucker zum Bestreuen

Den Crêpeteig zubereiten und zugedeckt quellen lassen. Für die Füllung die Butter mit Eiern, Zucker, Zitronensaft und -schale in einen Topf geben, sehr gut verrühren. Bei mäßiger Hitze unter stetigem Rühren etwa 3 Minuten leise kochen lassen. Anschließend den Topf von der Kochstelle nehmen. Nun dünne Crêpes backen. Jeweils einen guten Eßlöffel von der Zitronencreme auf die Mitte der goldbraunen Crêpes geben, diese dann halbmondförmig zusammenschlagen und auf eine vorgewärmte Platte legen. Bis zum Verzehr im Backofen heiß halten, unbedingt zudecken. Vor dem Servieren mit Puderzucker überstäuben.

Crêpes mit Vanillecreme

Zutaten von beliebigem Grundrezept, ¼ l Milch, ½ Vanilleschote, 3 Eigelb, 3 EL Zucker, Puderzucker zum Bestäuben

Den Crêpeteig rechtzeitig zubereiten und zugedeckt stehen lassen, damit das Mehl gut quellen kann. Für die Füllung die Milch mit der längs aufgeschlitzten Vanilleschote bei mäßiger Hitze zum Kochen bringen. Zugedeckt bei ganz geringer Hitze 15 Minuten ziehen lassen. Dann die Schote herausnehmen, die Samenkörner herauskratzen und wieder zur Milch geben. Die Eigelb mit dem Zucker schaumig schlagen, dann die warme Milch in einem feinen Strahl dazugießen. Dabei die schaumige Eimasse fortwährend rühren. Nun die Eimilch unter Schlagen nochmals erhitzen. Nehmen Sie nach Möglichkeit den Elektroquirl zur Hilfe, jedoch nur einen Schneebesen einsetzen und die geringste Schaltstufe einschalten. Zwischendurch den Bodensatz mit einem Teigschaber losrühren. Wenn Sie die Creme auf diese Weise zubereiten, laufen Sie nicht Gefahr, daß das Eigelb gerinnt. Die Creme warm halten.

Nun zarte Crêpes backen. Etwas von der feinen Creme auf die Mitte einer jeden Crêpe geben, dann die Crêpes entweder aufrollen oder erst die Seiten einschlagen und dann aufrollen. Auf eine warme Platte legen und mit Puderzucker überstäubt als Nachspeise servieren.

Crêpes Miami

Zutaten von beliebigem Grundrezept, 6—8 Pfirsichhälften aus der Dose, 2 kandierte Ingwerknollen, 2 EL Zucker, 20 g Butter, Zimt

Damit das Mehl quellen kann, zunächst den Crêpeteig bereiten. Für die Füllung die Pfirsiche in dünne Schnitze oder kleine Würfel schneiden. Den Ingwer fein hacken. Mit Zucker und Butter sowie etwas Zimt in einem kleinen Topf erwärmen.

Die Crêpes backen, etwas von der Füllung jeweils auf die Mitte geben. Dann die Crêpes wie Briefumschläge zusammenlegen.

Entweder mit Puderzucker bestreuen oder mit Schlagsahne, die mit Vanillezucker abgeschmeckt wurde, heiß servieren.

Crêpes Jamaica

Zutaten von beliebigem Grundrezept, 4—5 Bananen, 2—3 EL Zitronensaft, etwas feingeriebene, ungespritzte Zitronenschale, 20 g Butter, 3 EL Zucker, knapp 1/8 l Wasser, 1 Gläschen Rum, 4 EL Schokoladenraspeln

Einen feinen Crêpeteig schlagen und diesen zugedeckt eine halbe Stunde quellen lassen.
Für die Füllung die Bananen schälen, in dünne Scheiben schneiden. Mit Zitronensaft beizen, damit sie nicht so schnell braun werden, mit etwas Zitronenschale würzen. In einem Stieltopf die Butter erwärmen, den Zucker hell darin karamelisieren lassen, erst etwas heißes Wasser dazugießen, dann den Rum. Die Bananenscheiben in dieser heißen Sauce erwärmen. Sie sollten aber nicht musig werden. Die Füllung warm halten.
Nun Crêpes backen. Die Füllung auf die Crêpes verteilen. Diese entweder zusammenrollen oder wie eine Torte aufeinanderschichten. Zum Schluß mit Schokoladenraspeln bestreuen. Nur ganz kurz unter den heißen Grill schieben. Die Schokolade sollte schmelzen, darf aber auf keinen Fall zu heiß werden. Gleich zu Tisch bringen!

Crêpes, irische Art

Zutaten von beliebigem Grundrezept, 1/8 l sehr starker Mokka, 2—3 EL brauner Zucker, 1/8 l Whisky, 4 EL Sahne

Damit das Mehl gut quellen kann, zuerst den Crêpeteig bereiten und etwa eine halbe Stunde stehen lassen. Dann Crêpes backen. Diese warm halten.
Für die Sauce den Mokka mit braunem Zucker in einer

großen Pfanne erhitzen, mit Whisky und Sahne aufgießen.
Nun die Hitzezufuhr drosseln. Die zu Vierteln zusammengelegten Pfannkuchen in die Pfanne legen, einmal wenden.
Am besten direkt in der Pfanne zu Tisch bringen.
Schlagsahne, die mit Vanillezucker abgeschmeckt wurde, extra dazu reichen.
Das Rezept kann auch mit Kognak anstelle von Whisky abgewandelt werden.

Crêpes Melba

Zutaten von beliebigem Grundrezept, 8 Pfirsichhälften aus der Dose, 1/8 l Himbeersauce, 8 Kugeln Vanilleeis, 1/8 l Sahne, 1 Päckchen Vanillinzucker, 2—3 EL Schokoladenraspeln

Den Crêpeteig zubereiten, quellen lassen.
Die für die Füllung klassische Himbeersauce können Sie industriell vorgefertigt kaufen. Sie können aber auch tiefgekühlte Himbeeren auftauen lassen, sie im Mixer pürieren, dann durchsieben und mit Zucker abschmecken. Da diese Sauce nicht gekocht wurde, schmeckt sie natürlich aromatischer als die fertige. Die Pfirsichhälften am besten in der Sauce erwärmen.
Nun Crêpes backen. Auf jede Crêpe eine warme Pfirsichhälfte legen und ein wenig von der heißen Himbeersauce darübergießen. Dann eine Kugel Vanilleeis dazugeben. Am besten die beiden Seiten des dünnen Pfannküchleins über die Mitte schlagen. Dann einen Eßlöffel steifgeschlagene Sahne, die mit Vanillezucker abgeschmeckt wurde, obenauf setzen.
Mit Schokoladenraspeln garnieren.
Diese Nachspeise wird am besten gleich auf Desserttellern angerichtet und sollte unmittelbar nach der Fertigstellung gegessen werden.

Crêpes Praliné

Zutaten von beliebigem Grundrezept, 125 g Haselnußkerne, 20 g Butter, 3 EL Zucker, 3 EL Zuckerrübensirup, 1 Päckchen Vanillinzucker, 1 Gläschen Kognak oder Rum

Den Crêpeteig rechtzeitig zubereiten und zugedeckt quellen lassen. In einer Pfanne mit wenig Fett dünne Crêpes backen, diese zugedeckt auf Wasserbad warm halten.
Die Haselnußkerne grob hacken. In einer Pfanne unter stetigem Rühren in der heißen Butter hellgelb rösten, dann den Zucker und Sirup sowie Vanillinzucker dazugeben. Alles etwas einkochen lassen. Zum Schluß den Kognak oder Rum dazugießen.
Die zu Vierteln zusammengelegten Crêpes dachziegelartig in die Sauce legen, einmal wenden, dann möglichst bald zu Tisch bringen.
Sie können aber auch die Sauce zuvor zubereiten und die Crêpes später damit füllen.
Eventuell mit Rum abgeschmeckte Schlagsahne separat dazu servieren.

Crêpes Tropicana

Zutaten von beliebigem Grundrezept, 1 kleine Dose Fruit-Cocktail oder 1 Banane, 1 Scheibe Ananas aus der Dose, 2 Kiwis, 2 Nektarinen, 2 EL Zitronensaft, 20 g Butter, 1 große kandierte Ingwerknolle, 2 EL Zucker, eventuell Bananenlikör oder Grand Marnier, Puderzucker zum Bestäuben

Erst den Crêpeteig schlagen, diesen stehen lassen, dann in einer Pfanne sehr dünne Crêpes backen. Warm halten.

Für die Füllung entweder den Fruit-Cocktail aus der Dose zunächst gut abtropfen lassen, dann mit Zitronensaft beizen. Oder besser Banane und Ananas in kleine Stückchen schneiden, die Kiwis schälen und in Scheiben schneiden, die Nektarinen überbrühen, schälen und würfeln. Das Obst mischen und ebenfalls mit Zitronensaft beizen. In einer Pfanne Butter erwärmen, das Obst darin erhitzen. Mit kleingewürfeltem Ingwer und Zucker vermischen. Auf Wunsch kann die Obstmischung dann noch mit Bananen- oder Orangenlikör oder Grand Marnier geschmacklich verbessert werden. Die Crêpes damit füllen, längs aufrollen und heiß, mit Puderzucker bestreut, als Nachspeise servieren.

Crêpes à la Großmama

Zutaten von beliebigem Grundrezept, 200 g Doppelrahmfrischkäse, 4—6 EL Sahne, 2 EL Orangensaft oder 2 EL Grand Marnier, etwas feingeriebene ungespritzte Orangenschale, 2 EL geröstete, grobgehackte Mandeln, 8—10 entkernte, kleingeschnittene Datteln, eventuell etwas Zucker

Erst den Teig für die Crêpes schlagen, damit das Mehl gut quellen kann. Dann die Füllung zubereiten.

Dafür den Frischkäse mit Sahne und Orangensaft oder Grand Marnier gut verschlagen, Orangenschale, Mandeln und Datteln darunterrgeben. Datteln lassen sich leichter zerkleinern, wenn Sie das Messer zwischendurch in kochendes Wasser tauchen. Die Füllung abschmecken und, falls nötig, noch etwas feinen Zucker darunterrühren.

Die Crêpes backen. Jeweils etwas von der Füllung daraufgeben, anschließend die Crêpes wahlweise halbieren oder zu Vierteln zusammenschlagen. Ein köstlicher Nachtisch.

Crêpes à l'apricot

Zutaten von beliebigem Grundrezept, 1 ungespritzte Orange, 10 Stück Würfelzucker, 50 g Zucker, 10 g Butter, $\frac{1}{8}$ l Orangensaft, Saft von 1 Zitrone, knapp $\frac{1}{8}$ l Aprikosenlikör, 2 EL geröstete, gehackte Mandeln

Zunächst die Crêpes nach dem Grundrezept zubereiten. Zu Vierteln zusammenklappen, mit Alufolie bedecken und warm stellen.
Für die Sauce die Orange mit Würfelzucker abreiben, so daß das Aroma der Schale sich dem Zucker mitteilt. Den Saft der Orange auspressen und später zusätzlich zum Zitronensaft geben. Dann in einer Flambierpfanne den Zucker in der Butter karamelisieren lassen. Mit Zitronen- und Orangensaft ablöschen und kochen lassen, bis sich der Zucker wieder völlig aufgelöst hat. Anschließend den Aprikosenlikör hinzugeben. Die Crêpes in dieser Sauce wieder heiß werden lassen. Auf Teller verteilen und mit Mandelsplittern bestreuen.

Crêpes mit Rumrosinen

Zutaten von beliebigem Grundrezept, 100 g Sultaninen, 4—5 EL Rum, 2 EL Zucker, 10 g Butter, 2 EL Zitronensaft, 2 EL Honig, nochmals 4 EL Rum (56%)

Möglichst am Tag zuvor die Sultaninen in Rum einweichen. Die Crêpes wie beschrieben backen, jeweils einen Eßlöffel Sultaninen auf die fertigen Crêpes geben und diese aufrollen. Warm halten.
In einer Flambierpfanne zunächst den Zucker in der heißen Butter karamelisieren lassen, dann den Zitronensaft und

Honig zugeben. Außerdem den übrigen Rum von den Sultaninen zufügen. Die Crêpes in diese heiße Sauce legen und warm werden lassen.
Anschließend den restlichen Rum daraufgießen. Mit einem Streichholz anzünden und brennend servieren.
Sehr gut mit leicht geschlagener Vanillesahne.

Normannische Crêpes

Zutaten von beliebigem Grundrezept, 4—6 säuerliche Äpfel, 1—2 EL Zitronensaft, 20 g Butter, 4 EL Zucker, 4 EL Calvados, 2 EL Sultaninen, eventuell noch 1 Gläschen Calvados, Puderzucker zum Bestäuben

Zunächst den Crêpeteig schlagen, beiseite stellen. Für die Füllung die Äpfel schälen, vierteln, entkernen und in dünne Schnitze schneiden. Mit Zitronensaft beträufeln, damit sie hell bleiben. Die Butter in einer Pfanne erwärmen, die Äpfel hineingeben. Bei sehr milder Hitze langsam weich werden lassen. In den meisten Fällen wird es nicht nötig sein, Wasser zuzugießen. Zum Schluß den Zucker daraufstreuen und die in Calvados aufgequollenen Sultaninen sowie den restlichen Calvados an die heißen Äpfel geben. Die Füllung warm halten. Nacheinander gleichmäßig goldgelbe Crêpes backen. Auf die Mitte eines jeden Pfannküchleins etwas von der Apfelmischung setzen, die beiden Seiten einschlagen, dann die Crêpes aufrollen. Nebeneinander in eine feuerfeste Form legen.
Auf Wunsch nochmals etwas Calvados darübergießen. Kurz unter den Grill schieben, damit das Gericht gut heiß wird. Dann Puderzucker darübersieben, heiß in der Form zu Tisch bringen. Wer will, kann halbflüssige Sahne dazu reichen.

Crêpes Royal

Zutaten von beliebigem Grundrezept, 1 Glas Sauerkirschen ohne Stein, 3—4 EL Zucker, etwas feingeriebene, ungespritzte Zitronenschale, 1 Gläschen Kirschwasser, 1 TL Speisestärke, ⅛ l Sahne, 1 Päckchen Vanillinzucker, 2 EL geschälte Pistazien

Den Crêpeteig schlagen, quellen lassen, dann die Füllung zubereiten.
Die Sauerkirschen sehr gut abtropfen lassen. Saft auffangen. Kirschen mit dem Zucker und der Zitronenschale in einem kleinen Topf erwärmen. Nochmals den überschüssigen Saft abgießen. Das Kirschwasser mit Stärke verrühren, die Kirschen leicht damit binden. Nun Crêpes backen. Jeweils etwas von der Füllung auf die Mitte jeder Crêpe geben, diese zur Hälfte zusammenlegen und auf vorgewärmte Teller verteilen. Mit geschlagener Sahne, die mit Vanillinzucker leicht gesüßt wurde, garnieren. Zum Schluß einige gehackte Pistazien obenauf streuen.
Wer will, kann die Nachspeise durch Zugabe von einigen Kugeln Vanilleeis noch verbessern.

Flambierte Eiscrêpes

Zutaten von beliebigem Grundrezept, 500 g Eis, 30 g Butter, 2—3 EL Zucker, 5 cl hochprozentiger Kognak, 5 cl Grand Marnier

Zunächst den Crêpeteig bereiten, 30 Minuten quellen lassen. Das Eis in acht Scheiben schneiden, wieder in das Tiefkühlfach geben. Nun aus dem Teig 8 Crêpes backen. Diese schnell mit jeweils einer Scheibe Eis füllen, wie einen Briefumschlag zu einem Päckchen zusammenlegen.

In einer Flambierpfanne den Zucker in heißer Butter bei starker Hitze karamelisieren lassen, Kognak und Grand Marnier hineingießen, dann die vorbereiteten Crêpes darin wenden. Das muß alles sehr rasch gehen. Vorsichtig mit einem langen Streichholz anzünden und brennend zu Tisch bringen.
Es ist natürlich wichtig, daß alles gut vorbereitet ist und Sie dann auch schnell arbeiten, aber Sie brauchen keine Sorge zu haben, daß das Eis schmelzen würde. Der Überraschungseffekt wird mit Sicherheit gelingen.

Süße Crêpetorte

Zutaten von beliebigem Grundrezept, jedoch anstelle der angegebenen Flüssigkeit eine Mischung aus Orangensaft, und Mineralwasser zu gleichen Teilen, ½ Glas bittere Orangenmarmelade, 4 EL Grand Marnier, 4 Pfirsichhälften aus der Dose, Puderzucker zum Bestäuben

Zunächst den Crêpeteig zubereiten, sechs bis acht Crêpes backen. Abwechselnd mit Orangenmarmelade, die mit Grand Marnier verrührt wurde, und abgetropften, kleingeschnittenen Pfirsichstückchen aufeinandertürmen. Zum Schluß mit Puderzucker bestäuben. Wie eine Torte aufschneiden.

Omeletts —
mit und ohne Schneeschlägerei

Es gibt wohl kaum eine Speisekarte, auf der nicht mindestens eine Version dieser Eierspeise auftaucht. Mit Sicherheit eine französische Erfindung, werden Omeletts heute zwischen Finnland und Sizilien, Irland und Polen gewiß in allen Ländern Europas, aber auch zum Teil in den Küchen der übrigen Kontinente bereitet. Und doch, wie selten habe ich ein wirklich gutes Omelett serviert bekommen. Es ist erstaunlich, wie oft ich in Restaurants lederne, zu lang gegarte oder völlig geschmacklose Gebilde unter der Bezeichnung Omelett vorgesetzt bekam. Dabei sind die Grundzutaten eigentlich überall in guter Qualität zu bekommen und die Zubereitung ist einfach zu erlernen.

Zunächst sollten Sie sich vergegenwärtigen, daß es grundsätzlich zwei Arten von Omeletts gibt. Das populärere ist das einfache Omelett, welches zur Hauptsache aus verschlagenen Eiern besteht. Ich persönlich habe die Erfahrung gemacht, daß das Resultat besser schmeckt, wenn die Eier mit etwas Wasser oder besser noch Mineralwasser verschlagen werden. Daß sie immer mit ein wenig Salz gewürzt werden sollten, versteht sich von selbst. Experten behaupten, daß man, wolle man ein gutes Omelett bekommen, genau vierzigmal schlagen müsse. Ich selbst nehme es nicht so genau, schlage einmal länger, einmal kürzer und habe doch gute Ergebnisse. Wichtiger als das Schlagen finde ich das gute Bratfett. Da Omeletts nur bei mäßiger Hitze gegart werden, ist Butter mit seinem feinen Aroma ideal. Für den Alltagsbedarf genügt aber auch Margarine, vorausgesetzt, sie ist von guter Qualität. Außerdem ist die Beschaffenheit der Pfanne we-

sentlich. Sie sollte auf jeden Fall einen dicken Boden haben und nach Möglichkeit mit einem Antihaftbelag, beispielsweise mit Teflon, ausgerüstet sein, damit sich das Omelett beim Schütteln der Pfanne gut von der Bodenfläche löst.
Das wichtigste von allem ist aber die Brattemperatur. Denn der eilige Koch wird niemals ein gutes Omelett auf den Tisch stellen. Mag er sich beim Schlagen und auch beim Aufheizen der Pfanne eilen, beim Braten muß er Geduld üben. Denn eine zu hohe Brattemperatur bewirkt ein vorzeitiges Garen der Unterseite des Omeletts. Wir alle aber wissen, daß Hühnereiweiß, wird es zu stark erhitzt, verhornt. Verhorntes Eiweiß, dem wir bei Tieren und Menschen in Form von Hufen, Fingernägeln und Haaren begegnen, ist jedoch unverdaulich. Da wird so manche Hausfrau neidvoll auf den Berufskoch blicken. Denn die meisten Berufsköche kochen mit Gas. Diese Energiequelle bietet dem Omelettbäcker den unschlagbaren Vorteil, die Hitze sehr rasch und genau regulieren zu können. Die Hausfrau, die auf dem Elektroherd ein gutes Omelett bereiten will, ist einer Gasofenbesitzerin leider immer unterlegen.
Mit Bedacht gilt es also, die richtige Brattemperatur zu wählen, das Omelett sich zunächst setzen zu lassen, dann kräftig zu schütteln und schließlich die Garzeit zum richtigen Zeitpunkt zu beenden. Bleibt es nämlich der Hitze zu lange ausgesetzt, wird die Eimasse trocken und krümelig.
Eine versierte Omelettbäckerin sorgt daher auch rechtzeitig für die nötige warme Füllung und nicht minder für das entsprechende Service vor. Die in der Regel ovale Form muß unbedingt mit Hilfe einer Wärmeplatte, mit heißem Wasser oder im Backofen vorgewärmt werden, damit das liebevoll bereitete Omelett nicht zu schnell abkühlt. Im Kleinhaushalt wird man es in der Regel gleich auf den vorgewärmten Teller gleiten lassen.

Die Krone aller Omeletts trägt die Bezeichnung Omelette soufflé. Im Gegensatz zum normalen Omelett werden dafür die Eier geteilt. Das Eigelb wird mit etwas Salz, zuweilen noch mit einigen Tropfen Wasser verrührt. Das Eiweiß muß zu steifem Schnee geschlagen werden. Vorsichtig wird kurz vor dem Braten das Eigelb unter den zarten Schaum gehoben, gerade so lange, bis die einzelnen Bestandteile nicht mehr erkennbar sind. Anfänger geben zusätzlich pro Ei noch eine kleine Messerspitze Stärkepuder unter die schaumige Masse. Dies ist ein kleiner Trick, um die Standfestigkeit der Speise zu gewährleisten.

Nebenbei wird bereits in einer dickwandigen Pfanne eine gute Portion Butter oder Margarine erwärmt. Ist diese gerade flüssig, gießt man die Eimasse hinein und glättet sogleich mit Hilfe eines Pfannenmessers oder eines Spachtels die Oberfläche. Ich selbst ziehe es vor, sofort einen Deckel aufzulegen, das fördert die gleichmäßige Weitergabe der Brattemperatur. Nun heißt es, sich in Geduld zu üben, denn das Omelett verlangt eine langsame Bratzeit bei geringer Temperatur. Die Unterseite darf nicht zu stark bräunen. Inzwischen ist auch schon der Backofen heiß genug. Ich schiebe die Pfanne grundsätzlich nach etwa 5 bis 8 Minuten für einige weitere Minuten in den heißen Backofen, allerdings ohne den zuvor aufgelegten Deckel. So kann das Omelett auch von oben erhitzt werden. Den richtigen Garungszustand erkennt man am Aussehen. Die Oberfläche sollte noch leicht glänzen. Ein sicheres Merkmal ist auch das Betupfen mit der Fingerspitze: Bei der fertigen Omelette soufflé bleibt von der Eimasse nichts mehr an der Fingerspitze hängen, ganz einfach, weil die Oberfläche ja gegart und somit fest geworden ist. Nun aber heißt es rasch handeln. Lassen Sie das Omelett geschickt halb auf eine Platte gleiten, geben Sie dann, während Sie mit der einen Hand die Pfanne noch festhalten, mit der zweiten Hand die Füllung darauf. Seien Sie großzügig, sie darf durchaus über die Ränder fließen. Und dann schlagen Sie rasch, mit sanftem Schwung die goldgelb gebratene zweite Seite über die Füllung. Beim pikanten Omelett genügen ein Tomatenschnitz und ein frischer Petersilienzweig als Garnitur. Das süße Omelett wird in der Regel leicht mit Puderzucker überstäubt.

Eilen Sie, wenn Sie Ihr Produkt zu Tisch tragen. Ein Omelett schmilzt zwar nicht wie Schnee an der Sonne, aber beim längeren Stehen verliert es seine schaumige Beschaffenheit. Und gerade die ist es doch, die die Omelette soufflé zur Königin aller Eiergerichte macht.

Omelett natur

6 Eier, 6 EL Wasser oder Mineralwasser, 2 Prisen Salz, 40 g Butter oder Margarine

Zunächst die Eier mit dem Wasser oder Mineralwasser und Salz in einer kleinen Schüssel so verschlagen, daß sich eine homogene Masse bildet.

In einer großen Pfanne bei nicht zu starker Hitze das Fett zergehen lassen. Die Eimasse hineingießen. Es ist wichtig, daß die Brattemperatur nicht zu stark ist, weil sonst das Omelett von unten bräunt, ehe die Eimasse auf der Oberseite fest wird. Nach etwa einer Minute die Pfanne kräftig hin und her schütteln. Das Omelett bekommt dadurch die für dieses Gericht typische längliche Form. Eventuell mit dem Pfannenmesser noch etwas nachhelfen.

Die Oberfläche eines richtig zubereiteten Omeletts sollte noch leicht glänzen. Ist seine Oberfläche stumpf, dann ist es mit Sicherheit auch trocken. Also rechtzeitig von der Kochstelle nehmen. Auf eine ovale, vorgewärmte Platte gleiten lassen, dabei die eine Hälfte über die andere schlagen.

Pikantes Walnußomelett

100 g Walnußkerne, Butter oder Margarine zum Braten, 1 gestrichener TL Curry, 6 Eier, 6 EL Mineralwasser, Salz

Die Walnußkerne grob zerhacken und in einer Pfanne in etwas heißer Butter oder Margarine hell rösten. Mit Curry überstäuben, nochmals umrühren.
Die Eier mit dem Mineralwasser und Salz gut verschlagen, über die Nüsse gießen. Eventuell noch etwas Fett in die Pfanne geben. Nun die Pfanne kräftig hin und her schütteln. Dadurch bekommt das Omelett die typische ovale Form. Auf eine heiße Platte gleiten lassen, dabei gleichzeitig halbmondförmig zusammenklappen.
Kopfsalat, Toast und Oliven sind die passenden Beigaben.

Geflügelomelett

6 Eier, 6 EL Mineralwasser, Salz, weißer Pfeffer, 150 g gegartes Geflügelfleisch, Saft von ½ Zitrone, Curry, Butter oder Margarine zum Braten

Die Eier mit Wasser oder Mineralwasser und Salz gut verschlagen. Mit Pfeffer abschmecken. Das Geflügelfleisch in schmale Streifen schneiden, mit Zitronensaft beizen, mit etwas Curry überpudern. Nun in einer Pfanne Butter oder Margarine erhitzen, die Hälfte der Eimasse dazugeben, dann die Hälfte der vorbereiteten Geflügelstückchen schnell darauf verteilen. Während des Bratens die Pfanne leicht hin und her

schütteln, damit das Omelett die typische ovale Form bekommt. Auf eine Platte gleiten lassen, dabei gleichzeitig halbmondförmig zusammenklappen. Mit den restlichen Zutaten in gleicher Weise verfahren.
Gut mit Toast und Weißwein.

Portugiesisches Omelett

1 Zwiebel, 1 rote Paprikaschote, 1 scharfe Peperonischote, 1 Knoblauchzehe, 1 feste, kleine Fleischtomate, 2—3 EL Öl, Salz, Pfeffer, Thymian, Basilikum, 6 Eier, 6 EL Wasser oder Mineralwasser, Salz, etwas Öl zum Braten

Zuerst das Gemüse vorbereiten. Die Zwiebel schälen und hacken. Die Paprikaschote von Stiel und Kernen befreien, vierteln, waschen, in sehr schmale Streifen schneiden. Die Peperonischote fein hacken. Die Knoblauchzehe schälen und zerdrücken. Die Tomate überbrühen, schälen und würfeln, eventuell die Kerne entfernen.
In einer möglichst großen Pfanne das Öl erhitzen, erst die Zwiebeln mit den Paprikastreifen darin anbraten, dann Peperoni, Knoblauch und Tomate zugeben. Heiß werden lassen und gut würzen. Die Eier mit Wasser oder Mineralwasser sowie Salz sehr gut verschlagen, über die Gemüsemischung gießen. Bei sehr milder Brattemperatur langsam stocken lassen, dabei die Pfanne hin und her schütteln, so daß das Omelett die typische Form bekommt. Auf eine vorgewärmte, ovale Platte gleiten lassen, dabei gleichzeitig das Omelett halbmondartig umschlagen.
Stangenweißbrot und Roséwein dazu reichen.

Lothringer Omelett

125 g Frühstücksspeck, 6 Eier, 6 EL Sahne, 50 g geriebener Käse, Salz, Pfeffer, 20 g Butter, 50 g Schnittkäse (Greyerzer oder Emmentaler)

Zunächst den Frühstücksspeck von Schwarten befreien und kleinschneiden. In einer Pfanne glasig braten.
Die Eier mit Sahne, Reibkäse, Salz und Pfeffer verschlagen. Die Butter zum Speck in die Pfanne geben. Nun die Eimasse darübergießen, schnell mit den Käsestückchen belegen. Bei sehr milder Hitze das Omelett stocken lassen. Es darf, im Gegensatz zu den übrigen Omeletts, keinesfalls geschüttelt werden, weil es auf einer runden Platte wie eine Torte zu Tisch gebracht, also nicht gewendet wird.
Reichen Sie dazu Weißbrot, Kopfsalat und einen herben, gut gekühlten Weißwein.

Italienisches Omelett

100 g Champignons, 1 TL Zitronensaft, 1 EL Öl, 6 Eier, 3 EL Sahne, Salz, Pfeffer, etwas Basilikum und Petersilie, 1 EL feingeriebener Parmesan, 2—3 EL Öl, 50 g magerer roher oder gekochter Schinken, 100 g Mozarellakäse

Zunächst die Champignons putzen, waschen und in dünne Streifen schneiden. Mit Zitronensaft beträufeln und in einer Pfanne in heißem Öl kurz dünsten. Aus der Pfanne nehmen.
Die Eier mit Sahne, Salz, Pfeffer, feingehacktem Basilikum und Petersilie sowie Parmesankäse gut verschlagen. Das restliche Öl in die Pfanne geben und erwärmen. Die Eimasse

hineingießen, die Hitze drosseln. Wenn die Unterseite fest zu werden beginnt, die Oberfläche aber noch glänzt, die vorgegarten Champignons, den in schmale Streifen geschnittenen Schinken und den feinzerkrümelten Mozarellakäse auf das Omelett streuen. Nun die Pfanne in den vorgeheizten Backofen schieben und noch 3 bis 4 Minuten backen, so daß die Eimasse fest wird und der Käse schmilzt.
Wie eine Torte auf einer runden Platte zu Tisch bringen.

Omelett Auvergne

200 g geräucherter magerer roher Schinken, 4—6 mittelgroße gekochte Kartoffeln, 4 EL Öl, 6 Eier, 6 EL Wasser oder Mineralwasser, 50 g geriebener Greyerzer Käse, eventuell Salz, Pfeffer

Den Schinken in schmale Streifen schneiden. In einer Pfanne anbraten, auslassen, wieder herausnehmen. Die Kartoffeln in dünne Scheiben schneiden oder raspeln.
Dann das Öl zum restlichen Schinkenfett geben, erhitzen. Die Kartoffeln in heißem Fett braten, bis sie goldbraun sind. Die Eier mit Wasser oder Mineralwasser, Reibkäse, eventuell Salz und Pfeffer gut verschlagen. Die Schinkenstreifen darunterrühren. Ob Salz zugefügt werden muß, hängt weitgehend vom Salzgehalt des Schinkens ab. Die Eimasse über die Kartoffeln gießen. Langsam bei mäßiger Hitze stocken lassen. Es ist gut, dabei einen Deckel aufzulegen, weil dadurch die Hitze gleichmäßiger übertragen wird. Das so zubereitete Omelett wie eine Torte auf eine Platte gleiten lassen und mit frischem gemischtem Salat auf den Tisch stellen.

Omelett Savoyer Art

40 g Butter oder Margarine, 80 g magerer, geräucherter Speck, 3 gekochte Kartoffeln, 1 kleine rote Paprikaschote, 1 kleine grüne Paprikaschote, 150 g Schnittkäse (Edamer, Gouda oder Emmentaler), 6 Eier, 6 EL Wasser oder Mineralwasser, Salz, Pfeffer, feingehackte Petersilie

Dies ist ein deftiges, sättigendes Omelettrezept.
Zunächst die Butter oder Margarine in der Pfanne zergehen lassen. Den Speck fein würfeln und glasig braten. Die Kartoffeln in Würfel schneiden und kurz mitbraten. Die Paprikaschoten von Stielen und Kernen befreien, gut waschen, abtropfen lassen und in sehr feine Streifen schneiden. Zu den Kartoffeln geben. Das Gemüse sollte zwar etwas garen, muß aber unbedingt noch Biß behalten. Den Käse würfeln. Über die Kartoffelmischung verteilen. Nun die Eier mit Wasser oder Mineralwasser und Gewürzen verschlagen, in die Pfanne gießen und bei mäßiger Hitze stocken lassen. Die Oberfläche sollte noch etwas glasig sein. Das Omelett zur Hälfte zusammenklappen und mit Petersilie bestreut zum kühlen Bier servieren.

Feinschmeckeromelett

20 g Butter, 2—3 EL Semmelbrösel, 4 Scheiben gekochter Schinken, 4 Eier, Salz, Pfeffer, 4 Scheiben Emmentaler Käse, nochmals 2—3 EL Semmelbrösel, 20 g Butter

Das Ungewöhnliche an diesem Rezept sind die Semmelbrösel, sie geben dem Gericht einen sehr aparten, röschen Geschmack.

Zunächst die Butter oder Margarine in der Pfanne zergehen lassen. Dann die Pfanne dünn mit Semmelbröseln bestreuen. Den Schinken in fingerbreite Streifen schneiden, dabei Schwarten und Fettränder entfernen. In die Pfanne legen. Die Eier mit Salz und Pfeffer verschlagen, darübergießen. Nun den in fingerbreite Streifen geschnittenen Käse darauf verteilen. Obenauf nochmals Semmelbrösel streuen. Kleine Butterflöckchen aufsetzen. Einen Deckel auf die Pfanne legen und die Pfanne wieder auf die Kochstelle setzen. Bei nicht zu starker Hitze 10 Minuten stocken lassen. Inzwischen den Grill vorheizen. Die Pfanne von der Kochplatte nehmen, Deckel abnehmen und das Omelett für 3 bis 4 Minuten unter den Grill schieben.
In Viertel teilen, gleich servieren.

Berner Käseomelett

4 Eier, 125 g sehr fein geriebener, alter Emmentaler Käse, 1 gestrichener EL Mehl, 4 EL Mineralwasser oder Bier, etwas weißer Pfeffer, 30 g Butter oder Margarine, 2 EL geriebener Parmesankäse, etwas feingeschnittener Schnittlauch, 1 kleine Tomate

Die Eier sehr gut mit Käse, Mehl, Mineralwasser oder Bier und Pfeffer verschlagen.
In einer großen Pfanne das Fett erwärmen. Die Eiermasse hineingießen. Wichtig: Dieses Omelett darf nur bei sehr schwacher Hitze gebraten werden, sonst wird der Käse auf der Unterseite zu dunkel und die Speise schmeckt schließlich bitter. Also langsam bei schwacher Hitze garen, dabei einen Deckel auflegen. Nicht wenden. Zum Schluß das Omelett zur Hälfte zusammenklappen, mit Reibkäse und Schnittlauch bestreuen, dann mit schmalen Tomatenschnitzen garnieren.

Schweizer Omelett

30 g Mehl, ⅛ l Milch, 50 g feingeriebener Greyerzer Käse, 6 Eier,
Salz, Pfeffer, Muskat, 40 g Margarine oder Butter

Mehl, Milch, den geriebenen Käse, Eigelb, Salz und Pfeffer in eine Schüssel geben und kräftig mit dem Schneebesen oder dem Elektroquirl verschlagen.
Das Eiweiß in einer zweiten Schüssel am besten mit dem Elektroquirl zu sehr steifem Schnee schlagen und zum Schluß unter die Eiermasse heben.
In einer dickwandigen Eisenpfanne die Hälfte der Margarine oder Butter langsam zergehen lassen, dann die Hälfte der schaumigen Eiermasse in die Pfanne geben. Achtung! Dieses Omelett darf nur bei schwacher Hitze gebacken werden, sonst wird der Käse zu dunkel, was der Speise einen bitteren Geschmack verleihen würde. Einen Deckel auflegen. Wenn die Oberfläche fest zu werden beginnt, das Omelett auf eine vorgewärmte Platte gleiten lassen, die zweite Hälfte schnell darüberklappen. Mit den restlichen Zutaten auf die gleiche Weise verfahren!
Das schaumige Käseomelett sollte gleich verzehrt werden! Eventuell Tomatensalat oder -sauce und Stangenweißbrot dazu reichen.

Omelett vom Mont Michel

6 Eier, 3 EL dicke saure Sahne, z. B. Crème fraîche, Salz, Pfeffer,
30 g Butter oder Margarine, feingehackte Kräuter

Die Eier teilen, dabei Eigelb und Eiweiß jeweils auf einen Suppenteller geben. Die Sahne an das Eigelb geben. Eigelb und Eiweiß salzen und pfeffern und separat mit der Gabel schlagen.

Nun in einer dickwandigen Pfanne die Butter oder Margarine schmelzen lassen. Erst das Eigelb, dann den Eischnee in die Pfanne geben und, während die Eimasse erwärmt wird, mit der Gabel vorsichtig vermengen. Wenn die Masse fest zu werden beginnt, nicht mehr weiterrühren, statt dessen noch etwas stocken lassen. Vorsichtig auf eine Platte gleiten lassen und mit feingehackten Kräutern, zum Beispiel Petersilie, Schnittlauch, Estragon und Kerbel, gleichmäßig bestreuen.

Omelett Nizzaer Art

1 kleine Aubergine, 1 kleine Zwiebel, 2 Fleischtomaten, 1 Knoblauchzehe, 2 EL Öl, Salz, Pfeffer, Oregano, 6 Eier, 6 EL Wasser oder Mineralwasser, Petersilie

Zunächst die Aubergine und Zwiebel schälen, beides in Würfel schneiden. Die Tomate ebenfalls würfeln, die Knoblauchzehe schälen und fein hacken. In einer großen Pfanne in heißem Öl zunächst die Auberginen- und Zwiebelwürfel etwa 5 Minuten bei starker Hitze dünsten, dann die Tomatenwürfel, Knoblauch, Salz, Pfeffer und Oregano zugeben und alles zusammen schmoren lassen. Abschmecken.
Die Eier mit Wasser oder Mineralwasser gut verschlagen, salzen, über die Gemüsemischung gießen. Nun die Hitze drosseln. Das Omelett langsam stocken lassen, dabei die Pfanne gelegentlich etwas hin und her schütteln. Auf eine ovale Platte gleiten lassen, dabei die eine Hälfte über die andere schlagen. Mit frischer, feingehackter Petersilie bestreuen.

Elsässer Omelett

4 Eier, 3 EL Sahne, Salz, weißer Pfeffer, 100 g Emmentaler Käse, 50 g durchwachsener, geräucherter Speck, etwas feingeschnittener Schnittlauch, Butter oder Margarine zum Braten

Die Eier mit Sahne, Salz und Pfeffer gut verschlagen. Den Käse in kleine Würfelchen schneiden. Den Speck ebenfalls würfeln, in der Pfanne goldbraun rösten und mit dem ausgetretenem Fett zur Eimasse geben. Zum Schluß den Schnittlauch unterrühren. Butter oder Margarine in einer großen Pfanne erhitzen. Die Eimasse hineingießen. Nun bei mäßiger Hitze das Omelett braten, dabei die Pfanne schütteln, damit es eine schöne ovale Form bekommt. Die Käsewürfel sollen gerade zu schmelzen beginnen. Vorsichtig auf eine Platte gleiten lassen, nicht umschlagen.
Salat und frisches Weißbrot oder Toast dazu reichen.

Provenzalisches Kräuteromelett

6 Eier, 6 EL Sahne, Salz, weißer Pfeffer, 3 EL feingehackte gemischte Kräuter (Petersilie, Estragon, Schnittlauch, Dill, Zitronenmelisse, Pimpernell, Liebstöckel etc.), 1 kleine zerdrückte Knoblauchzehe, 2 Scheiben Speck, 1 EL Olivenöl, 1 Scheibe Toastbrot, eventuell etwas Butter oder Margarine

Dieses Omelett habe ich vor vielen Jahren in einem kleinen Gasthaus in der Provence gegessen, der gute Geschmack ist mir bis heute im Gedächtnis.

Zunächst die Eier mit Sahne, Salz, Pfeffer und sehr fein gehackten Kräutern gut verschlagen. Dann die Knoblauchzehe am besten durch eine Knoblauchpresse zur Eimasse geben. Den Speck in kleine Würfelchen schneiden, mit dem Olivenöl in der Pfanne ausbraten, so daß er glasig wird. Dann das in etwa 1 cm große Würfel geschnittene Weißbrot in die Pfanne geben und goldbraun braten lassen. Eventuell noch etwas Butter oder Margarine zufügen, denn das Brot saugt viel Fett auf. Die Eimasse auf die Speck-Brotwürfel gießen. Nun die Pfanne schütteln. Bei mäßiger Hitze die Eier zu einem ovalen Omelett braten. Auf einer länglichen Platte anrichten, dabei zur Hälfte zusammenschlagen.
Vorzüglich mit kräftigem Rotwein und frischem Stangenweißbrot.

Französisches Kartoffelomelett

2 mittelgroße gekochte Kartoffeln, 40 g Butter oder Margarine, 5—6 Eier, 3 EL Wasser oder Mineralwasser, Salz, Pfeffer, Muskat

Zunächst die Kartoffeln in feine Scheiben schneiden. In einer Pfanne in heißem Fett etwas anbräunen. Inzwischen die Eier mit Wasser oder Mineralwasser, Salz und Pfeffer gut verschlagen. Die Masse über die Kartoffeln gießen. Einen Deckel auflegen. Bei schwacher Hitze stocken lassen. Dann auf eine heiße Platte gleiten lassen, dabei eine Hälfte über die andere klappen.
Mit buntem Salat aus Bohnen, Tomaten, Gurken, Zucchini und Paprika ein einfaches, aber wohlschmeckendes Essen.

Omelett nach Forstmeisters Art

100 g Champignons oder Pfifferlinge, 50 g durchwachsener geräucherter Speck, 10 g Butter oder Margarine, 2 kleine gekochte Kartoffeln, 6 Eier, 6 EL Wasser oder Mineralwasser, 2—3 EL Öl, feingehackte Petersilie, eine kleine Tomate oder ein Stück Tomatenpaprika

Die Pilze putzen, waschen und in Viertel oder Scheiben schneiden. Den Speck würfeln. Die Butter oder Margarine in einer Pfanne schmelzen, die Pilze und Speckwürfel darin dünsten. Inzwischen die Kartoffeln würfeln.
Die Eier mit Wasser oder Mineralwasser gut verschlagen, salzen und pfeffern. Zunächst die Kartoffeln zur Pilz-Speck-Mischung geben und warm werden lassen. Sie sollten aber nicht bräunen. Dann die Eiermasse daraufgießen. Es ist wichtig, daß die Hitze nicht zu stark ist. Das Omelett soll langsam zugedeckt stocken. Wenn die Oberfläche nicht mehr stark glänzt, ist es fertig.
Vorsichtig auf eine Platte gleiten lassen, dabei die zweite Hälfte über die erste schlagen. Mit gehackter Petersilie bestreuen und mit einigen Tomatenschnitzen oder feinen Paprikastreifen garnieren.

Omelett mit Krabben

150 g Krabben (frisch, tiefgekühlt oder aus der Dose), 1 EL Zitronensaft, 6 Eier, 6 EL Wasser oder Mineralwasser, Salz, 1 TL feingehackter frischer Dill, Butter oder Margarine zum Braten

Tiefkühlkrabben etwas antauen lassen. Dosenkrabben kurz unter fließendem Wasser abspülen, damit ein Teil der zur

Konservierung notwendigen Borsäure entfernt wird. Abtropfen lassen. Die Krabben mit Zitronensaft beizen.
Nun die Eier mit Wasser oder Mineralwasser, Salz und etwas Dill sehr gut verschlagen. Die Krabben zugeben. Aus der Masse je nach Größe der Pfanne zwei oder vier Omeletts braten. Umschlagen, mit dem restlichen Dill bestreut sogleich zu Tisch bringen.
Wichtig: Da Krabben durch zu langes und starkes Erhitzen hart und zäh werden, müssen Sie unbedingt darauf achten, daß die Brathitze nicht zu hoch ist.

Omelett mit Champignons

200 g frische Champignons und 1 TL Zitronensaft und 10 g Butter oder Margarine oder 150 g Dosenchampignons, 6 Eier, 6 EL Milch, Sahne, Mineralwasser oder Wasser, Salz, weißer Pfeffer, Butter oder Margarine zum Braten

Frische Champignons putzen, waschen, in Scheiben schneiden und mit Zitronensaft beträufeln. In einem kleinen Topf in heißer Butter oder Margarine kurz andünsten. Dosenchampignons in Scheiben oder Viertel schneiden.
Aus Eiern und Flüssigkeit, Sie können auch das Champignonwasser aus der Dose verwerten, eine Omelettmasse schlagen. Die vorbereiteten Pilze daruntergeben. Würzen. Dann wie üblich in heißer Butter oder Margarine je nach Größe der Pfanne ein oder vier Omeletts braten, dabei aufpassen, daß die Hitze nicht zu stark ist.
Statt Champignons können Sie natürlich auch Pfifferlinge, Reizker, Steinpilze oder Birkenpilze nehmen. Manche Köche mischen die Pilze nicht unter den Omeletteig, sondern streuen sie auf die Eimasse in der Pfanne.

Baskisches Kräuteromelett

2 Knoblauchzehen, 1 Bund Schnittlauch, 1 Bund Petersilie, außerdem nach Möglichkeit etwas Kerbel, Bohnenkraut, Basilikum und Zitronenmelisse, 6 Eier, 6 EL Wasser oder Mineralwasser, ½ TL Salz, Muskat, Butter oder Margarine oder Öl zum Braten

Die Knoblauchzehen schälen und durchpressen. Den Schnittlauch waschen und fein schneiden. Die übrigen Kräuter verlesen, waschen, fein hacken. Mit den Eiern, Wasser oder Mineralwasser, Salz und etwas Muskat sehr gut in einer Schüssel verschlagen.
Nun Fett in einer großen Pfanne erhitzen, die Hälfte der Eimasse hineingeben und bei geringer Hitze zum Omelett backen. Dabei die Pfanne gelegentlich schütteln, so daß es die klassische ovale Form bekommt. Mit dem Rest der Eimasse gleichermaßen verfahren. In Spanien wird zu diesem Omelett häufig Weißbrot gereicht, welches mit Knoblauch eingerieben, mit Öl beträufelt und dann geröstet wurde.

Maisomelett

1 rote oder grüne Paprikaschote, 2 feste Fleischtomaten, 1 Zwiebel, 30 g Margarine, 200 g gemischtes Hackfleisch, Salz, Pfeffer, Paprika, Oregano, 1 kleine Dose Maiskörner, 3 Eier, 3 EL saure oder süße Sahne, 1 EL feingeschnittener Schnittlauch

Die Paprikaschote von Stielansatz und Kernen befreien, in sehr schmale Streifen schneiden. Die Tomaten waschen und achteln oder würfeln. Die Zwiebel schälen und fein hacken. Diese Gemüsemischung in einer großen Pfanne in heißem Fett bei mäßiger Hitze andünsten. Wieder herausnehmen.

Nun das Hackfleisch in der gleichen Pfanne braten. Eine weitere Fettzugabe ist in den meisten Fällen überflüssig, da gemischtes Hackfleisch genug Fett enthält. Das Fleisch sollte etwas bräunen. Das Gemüse wieder dazugeben, alles gut mit Salz, Pfeffer, Paprika und Oregano würzen. Die abgetropften Maiskörner unterrühren. Nochmals erhitzen. Jetzt die Eier mit der Sahne, Salz und Pfeffer gut verschlagen und über die Mischung gießen. Einen Deckel auflegen. Das Maisomelett darf nur bei geringer Hitze gebraten werden, es sollte auf der Unterseite goldgelb, oben aber trocken sein. Wie ein Pfannkuchen auf eine große, vorgewärmte runde Platte gleiten lassen, dann mit Schnittlauch bestreuen.
Mit Weißbrot und Salat ein schnelles, schmackhaftes Essen.

Wochenend-Omelett

150 g gegarte Fleischreste, 1 gekochte Möhre, 1 kleine Zwiebel, 2—3 EL Öl, ½ Tasse gegarte Erbsen, 1 Tasse gegarter Reis, 1 Knoblauchzehe, 4 Eier, 4 EL Milch, Salz, Pfeffer und Paprika, Tomatenpaprika und Petersilie zum Garnieren

Dies ist eine spanische Omelettversion, man verwendet dort alle möglichen kleinen Reste dafür.
Das Fleisch und die Möhre fein würfeln. Die Zwiebel schälen und hacken. In einer Pfanne in heißem Öl goldbraun braten, dann die Fleischwürfel, Möhren, Erbsen und den locker zerzupften Reis darin erhitzen. Mit Knoblauch würzen. Die Eier mit Milch, Salz, Pfeffer und Paprika gut verschlagen, über den Pfanneninhalt gießen. Bei nicht zu hoher Temperatur fest werden lassen. Das Omelett kann mit Hilfe eines Deckels passender Größe vorsichtig gewendet werden. Auf eine runde Platte geben. Mit eingelegten Tomatenpaprikastreifen und gehackter Petersilie garnieren und wie eine Torte aufschneiden.

Käseomelett aus dem Ofen

40 g Butter oder Margarine, 6 Eier, 50 g geriebener Parmesankäse, 2 kleine Fleischtomaten, etwas feingeschnittene Petersilie, Salz, Pfeffer, Butter für die Form

Zunächst den Backofen vorheizen (200° C / Gas 3½). Die Butter oder Margarine zum Schmelzen bringen, abkühlen lassen. Nebenbei die Eier teilen, das Eiweiß zu steifem Schnee schlagen. Nun das Fett mit Eigelb und Reibkäse verrühren. Die Tomaten überbrühen, häuten, entkernen, in kleine Würfel schneiden und zugeben. Alles mit Petersilie, Salz und Pfeffer abschmecken. Zum Schluß den Eischnee unterheben. In eine kleine gebutterte Form füllen, die Oberfläche glätten und die schaumige Masse je nach Größe der Form 20 bis 30 Minuten im Ofen lassen. Durch Einstechen mit einer langen Nadel die Garprobe machen, die Nadel sollte nicht mehr feucht sein. Das Omelett unmittelbar nach der Fertigstellung mit Toast und Butter zu Tisch bringen.

Es ist übrigens nicht unbedingt notwendig, die Eier zu teilen. Sie können sie auch ganz verwenden, allerdings ist das Endergebnis dann nicht so schaumig.

Wer Sorge hat, daß das Schaumomelett zu rasch zusammenfällt, gibt zusätzlich noch einen halben Teelöffel Mehl an die Masse.

Omelett mit spanischer Füllung

6 kleine Fleischtomaten, 1 Zwiebel, 1 kleine grüne Paprikaschote, 1 Stück Stangensellerie, ersatzweise Knollensellerie, 1 Stückchen Lauch, 2—3 EL Öl, 1 Knoblauchzehe, feingehackte Petersilie, etwas Fenchelsamen, Thymian, Majoran, Lorbeerblatt und Safran, Salz, Pfeffer, 6 Eier, 6 EL Wasser oder Mineralwasser, Salz, Butter oder Margarine oder Öl zum Braten

Zunächst die Füllung zubereiten. Dafür die Tomaten überbrühen, schälen und in kleine Würfel schneiden. Die Zwiebel schälen und würfeln, die Paprikaschote von Stiel und Kernen befreien, waschen und in schmale Streifen schneiden. Sellerie putzen und fein hacken, den Lauch in dünne Ringe schneiden. Die so vorbereitete Gemüsemischung in einem flachen Topf oder einer Pfanne in heißem Öl dünsten. Achten Sie darauf, daß das Gemüse noch einen leichten Biß behält. Dann mit zerdrückter Knoblauchzehe, Petersilie, Fenchel, Thymian, Majoran, Lorbeer und einer Prise Safran würzen, mit Salz und Pfeffer abschmecken. Die Gemüsemischung warm halten.

Nun die Eier mit Wasser oder Mineralwasser gut verschlagen und salzen. In einer großen Pfanne in heißem Fett nacheinander zwei Omeletts braten. Sie dürfen keinesfalls braun, sondern nur goldgelb sein. Die Füllung auf die Omeletts verteilen, diese zur Hälfte zusammenklappen und nach Möglichkeit sogleich zu Tisch bringen.

Sie können die Füllung aber auch unter die Eimasse mischen und dann Omeletts daraus braten. Allerdings müssen Sie in dem Fall die Kerne und den Saft aus den Tomaten drücken, ehe Sie diese in Würfel schneiden und dürfen auch kein Wasser oder Mineralwasser an den Omeletteig geben, weil sonst die Masse zu dünnflüssig wird.

Andalusisches Omelett

2 mittelgroße Zwiebeln, 20 g Margarine oder 1 EL Öl, 4 mittelgroße Tomaten, 1 kleine grüne Paprikaschote, Salz, Pfeffer, 6 Eier, 6 EL Wasser oder Mineralwasser, 40 g Butter oder Margarine

Zunächst die Zwiebel schälen und in sehr dünne Ringe hobeln oder schneiden. In einem kleinen Topf in der Margarine oder dem Öl goldgelb andünsten. Die Tomaten überbrühen, schälen, würfeln. Nach 10 Minuten zu den Zwiebeln geben. Die Paprikaschote von Stiel und Kernen befreien, in sehr feine Streifen schneiden und ebenfalls mitschmoren lassen. Keinen Deckel auflegen, damit die Flüssigkeit etwas verdunsten kann. Mit Salz und Pfeffer würzen. Wer will, kann zusätzlich noch eine kleine zerdrückte Knoblauchzehe und etwas feingehacktes Basilikum an die Mischung geben.
Für den Omeletteig die Eier mit Wasser oder Mineralwasser, Salz und Pfeffer gut verschlagen. Die Hälfte der Butter oder Margarine in einer großen Pfanne zergehen lassen, dann die Hälfte der Eimasse hineingießen und bei schwacher Hitze leicht stocken lassen. Wenn die Unterseite fest wird, die Eimasse auf der Oberseite aber noch glänzt, einige Löffel von der Füllung auf die Mitte des Omeletts geben. Noch kurz erhitzen. Dann die eine Hälfte über die zweite klappen und das gefüllte Omelett auf eine Platte gleiten lassen. Etwas von der restlichen Füllung auf den Rand geben. Mit den übrigen Zutaten gleichermaßen verfahren.

Omelett Florentiner Art

1 Packung Tiefkühl-Blattspinat, 20 g Butter oder Margarine, Salz, Muskat, 2 EL Semmelbrösel, 100 g durchwachsener, geräucherter Speck, 8 Eier, 4 EL Mineralwasser, 80 g mittelalter Gouda-Käse, 1 Prise Muskat, Butter oder Margarine oder Öl zum Braten

Für diese herzhaften Omeletts müssen Sie zunächst die Füllung bereiten. Den Tiefkühlspinat am besten bei Zimmertemperatur auftauen lassen. Mit Butter oder Margarine im Topf erhitzen, mit Salz und Muskat abschmecken. Die Flüssigkeit mit Semmelbröseln binden. Den Topf von der Kochstelle nehmen, denn wenn der Spinat zu lange warm gehalten wird, verliert er seine frische grüne Farbe.
Für den Omeletteig zunächst den Speck in sehr kleine Würfelchen schneiden und in der Pfanne auslassen. Etwas abkühlen lassen. Die Eier mit Mineralwasser gut verschlagen, dann die Speckwürfel sowie den grobgeriebenen Käse und Muskat zugeben. Bei nicht zu starker Hitze in reichlich Fett vier Omeletts backen. Jeweils ein Viertel der Füllung daraufgeben, die zweite Hälfte des Omeletts über die erste schlagen, dann am besten auf einen vorgewärmten Teller gleiten lassen und möglichst sogleich servieren. Sollte das nicht gehen, die Portionen mit Alufolie abdecken und in einen mäßig warmen Backofen schieben.

Omelett mit Nieren

1 Kalbsniere, 50 g Butter oder Margarine, 50 g magerer gekochter oder roher Schinken, 1 Fleischtomate, Salz, Pfeffer, 6 Eier, 6 EL Wasser oder Mineralwasser

Zunächst die Niere putzen, wässern, in dünne Scheiben schneiden. In einer Pfanne in 20 g heißer Butter oder Margarine schnell anbraten. Den Schinken in kleine Würfel schneiden, zugeben. Die Tomate überbrühen, schälen, würfeln, ebenfalls zufügen. Alles etwas einkochen lassen und mit Salz, Pfeffer und Basilikum abschmecken. Warm halten.

Für das Omelett die Eier gut mit Wasser oder Mineralwasser, Salz und Pfeffer verschlagen. In einer zweiten großen Pfanne die übrige Butter oder Margarine erhitzen, die Eimasse hineingeben. Stocken lassen, dabei die Pfanne hin und her bewegen, damit die typische Form entsteht.

Das Omelett auf eine warme Platte geben, mit den heißen Nieren füllen, dann die zweite Hälfte des Omeletts darauffalten.

Omelett »Matilde«

250 g kleine Champignons, 1 EL Zitronensaft, 20 g Butter oder Margarine, 1 gestrichener TL Mehl, 4—6 EL Sahne, ersatzweise Dosenmilch und Milch gemischt, Salz, weißer Pfeffer, 6 Eier, 6 EL Wasser oder Mineralwasser, 40 g Margarine oder Butter

Für die Füllung zunächst die Champignons von Stielansätzen befreien, gründlich waschen und je nach Größe vierteln oder in Scheiben schneiden. Gleich mit Zitronensaft beträufeln, weil sie sich sonst verfärben. Einige Male schütteln. Die Margarine oder Butter in einem Topf schmelzen lassen, die

Pilze hineingeben und unter gelegentlichem Rühren dünsten. Mit Mehl überpudern, mit Sahne oder Dosenmilch und Milch ablöschen, dann mit Salz und Pfeffer würzen. Die Füllung warm halten.
Nun die Eier mit Wasser oder Mineralwasser und Salz gut verschlagen. Die Hälfte der Margarine oder Butter in einer Pfanne erhitzen, die Hälfte der Eimasse hineingeben und stocken lassen. Das Omelett auf eine heiße Platte gleiten lassen, die halbe Füllung daraufgeben, dann die zweite Hälfte des Omeletts darüberschlagen.
Mit den übrigen Zutaten in gleicher Weise verfahren. Gut mit Kopfsalat und frischem Stangenweißbrot, dazu ein herber Weißwein.

Hummeromelett

1 Dose Hummerfleisch, 20 g Butter, 4 EL Sahne, 2 EL trockener Sherry, etwas Cayennepfeffer und Majoran oder Dill, Salz, 4 Eier, 4 EL Wasser, weißer Pfeffer, Butter oder Margarine zum Braten, 1 kleine Tomate, etwas frischer Dill

Zunächst die Füllung vorbereiten. Dafür den Hummer von Hornteilen befreien und in Stücke zerteilen. In Butter und Sahne erwärmen, mit Wein, Cayenne und Majoran oder Dill sowie Salz abschmecken. Warm halten.
Für das Omelett die Eier mit Wasser, Salz und Pfeffer gut verschlagen. Butter oder Margarine in einer großen Pfanne erhitzen, die Eimasse hineingeben, dann bei mäßiger Hitze braten. Dabei die Pfanne schütteln, damit die klassische ovale Form entsteht. Die Hälfte des Omeletts auf eine heiße Platte gleiten lassen, die Füllung in die Mitte geben, die andere Hälfte des Omeletts darüberklappen. Dann das fertige Omelett mit Tomatenschnitzen und Dillzweiglein garnieren.

Käseomelett mit Erbsenfüllung

1 kleine Dose feine Erbsen, 10 g Butter, 1 EL feingehackte Petersilie, einige Tropfen Zitronensaft, Salz, 6 Eier, 6 EL Wasser oder Mineralwasser, 4 EL geriebener Käse, weißer Pfeffer, Butter oder Margarine zum Braten, 1 kleine Tomate

Zunächst die Erbsen im Dosenwasser erwärmen. Das Dosenwasser abgießen, Butter, Petersilie, Zitronensaft und Salz zugeben und das Gemüse warm halten.
Für die Omeletts die Eier mit Wasser oder Mineralwasser, Reibkäse, Salz und Pfeffer gut verschlagen. In einer großen Pfanne Butter oder Margarine erhitzen, die Hälfte der Eimasse hineingießen. Bei mäßiger Hitze unter Schütteln ein längliches Omelett backen. Mit der Hälfte der heißen Erbsen füllen. Mit der zweiten Hälfte der Zutaten gleichermaßen verfahren. Die Omeletts mit Tomatenschnitzen garnieren. Teilen.
Gut mit Weißbrot und frischem Kopfsalat.

Omelett mit Erdbeerfüllung

400 g frische Erdbeeren und 2—3 EL Zucker oder 450 g tiefgekühlte Erdbeeren, 20 g Butter, 1 EL Zitronensaft, 1 EL Grand Marnier, 6 Eier, 6 EL Mineralwasser, Salz, Butter oder Margarine zum Braten, Puderzucker zum Bestäuben

Frische Erdbeeren waschen, von Stielen befreien, je nach Größe halbieren oder vierteln. Tiefgekühlte gefroren verar-

beiten. Die Früchte in einem Stieltopf in der heißen Butter erwärmen, dann nach Bedarf zuckern. Mit Zitronensaft und Grand Marnier abschmecken. Warm halten.
Für die Omeletts die Eier mit Mineralwasser und Salz verschlagen, in einer kleinen Pfanne in heißer Butter oder Margarine vier Omeletts backen. Die Omeletts jeweils gleich zur Hälfte auf einen Dessertteller gleiten lassen, ein Viertel der warmen Füllung daraufgeben, dann die andere Seite darüberklappen. Vor dem Servieren mit Puderzucker überstäuben.

Omelett mit Kirschen

1 kleines Glas Sauerkirschen, 6 Eier, 40 g Butter oder Margarine, 2 EL Puderzucker, 2 EL Rum

Die Sauerkirschen sehr gut abtropfen lassen. Die Eier mit dem Schneebesen verschlagen. Kein Wasser zugeben, da die Früchte trotz des Abtropfens immer noch recht saftreich sind! Die Hälfte des Fetts in einer Pfanne zergehen lassen, dann die Hälfte der Eimasse hineingeben und mit einem Teil der Kirschen belegen. Vorsichtig zugedeckt bei milder Hitze stocken lassen, dann zur Hälfte zusammenklappen und auf eine heiße Platte gleiten lassen.
Mit den übrigen Zutaten gleichermaßen verfahren. Zum Schluß den Puderzucker über die Nachspeise streuen und den Rum daraufgießen. Heiß servieren.
Der Rum kann natürlich auch durch Kirschwasser oder Kirschlikör ersetzt werden.

Haselnußomelett

5 Eigelb, 50 g Zucker, 1 Päckchen Vanillinzucker, 1/8 l Milch, 100 g Mehl, 1/2 TL Backpulver, 100 g gemahlene Haselnüsse, 5 Eigelb, Margarine oder Öl zum Braten, Rum zum Beträufeln, Puderzucker zum Bestreuen

Zunächst Eigelb mit Zucker und Vanillinzucker mit dem Schneebesen oder dem Elektroquirl gut schaumig schlagen, dann die Milch, das mit Backpulver gesiebte Mehl und die Haselnüsse dazugeben. Alles kräftig durchschlagen. Das Eiweiß in einer zweiten Schüssel zu steifem Schnee schlagen, unter die Masse heben. Margarine oder Öl in einer Pfanne erhitzen, den Teig bei sehr schwacher Hitze portionsweise darin braten. Vorsichtig wenden. Diese Omeletts dürfen nicht zu braun werden, weil sie dann bitter schmecken. Auf eine vorgewärmte Platte geben, mit Rum beträufeln und mit Puderzucker dick bestäuben.

Nußomeletts schmecken auch kalt sehr gut und können durch Aprikosen- oder Preiselbeerkompott ergänzt werden.

Flambiertes Ofenomelett

*4 Eier, 4 TL Wasser, 4 EL Zucker, 1 Päckchen Vanillinzucker,
Butter oder Margarine für die Form, Puderzucker zum Bestreuen,
1 Gläschen Rum, Cointreau oder Kirschwasser zum Flambieren*

Zunächst den Backofen auf 200° C / Gas 3½ vorheizen. Die Eier teilen, das Eiweiß mit dem Wasser in den Kühlschrank stellen. Das Eigelb mit dem Zucker sehr schaumig schlagen. Vanillinzucker hinzufügen. Nun das Eiweiß zu steifem Schnee schlagen und vorsichtig unter die Eigelbmasse heben. Nicht zu stark rühren, damit die schaumige Konsistenz erhalten bleibt. Die Masse in eine gut gefettete Auflaufform geben, die Oberfläche glattstreichen. Auf einem Rost auf der mittleren Schiene einschieben. Je nach Größe der Form 15 bis 25 Minuten backen, bei kleinen Formen dauert die Backzeit länger, weil die Masse höher ist. In der Form rasch zu Tisch bringen, dort mit angewärmtem Likör übergießen und anzünden. Beerenkompott dazu reichen.

Wenn Sie verhindern wollen, daß das Omelett schnell zusammenfällt, können Sie einen Teelöffel Stärkepuder unter die Eigelbcreme schlagen. Dünn mit Puderzucker überstäuben.

Omelette soufflé

6 Eier, 2 Prisen Salz, eventuell ½ TL Speisestärke, 40 g Butter oder Margarine

Eine gute, luftige Omelette soufflé zu backen wird als eine der schwierigsten Aufgaben der feinen Küche betrachtet. Aber ich meine, daß das eigentlich gar nicht schwierig ist.

Stellen Sie zunächst eine sehr große, gute Pfanne mit einem Deckel bereit und heizen Sie den Backofen vor (200° C / Gas 3½). Vergessen Sie nicht, den Rost auf die zweitoberste Schiene einzuschieben.

Nun die Eier teilen. Das Eiweiß in einer großen Schüssel zu steifem Schnee schlagen. Dann die Eigelb, Salz und, wenn Sie noch Anfänger sind, etwas Stärkepuder zugeben. Alles rasch miteinander verschlagen. Die Masse soll eine einheitliche Färbung bekommen. Nicht übertreiben, denn wer zu lange schlägt, braucht sich nicht zu wundern, wenn das Eiweiß die schaumige Konsistenz wieder verliert. Also schnell arbeiten!

In der Zwischenzeit die Butter oder Margarine in der Pfanne erhitzen. Die Eimasse etwa zwei- bis dreifingerhoch in die Pfanne geben. Ob Sie alles auf einmal oder besser zwei Omeletts backen, ist also von der Größe der Pfanne abhängig. Machen Sie nicht den Fehler, die größte Hitze zu wählen. Das Omelett würde unweigerlich auf der Unterseite verbrennen. Es sollte vielmehr langsam und bei geringer Hitze mit einem Deckel zugedeckt gegart werden.

Nach ungefähr 4 bis 5 Minuten können Sie mit dem Pfannenmesser die Unterseite etwas hochheben und betrachten. Ist sie goldgelb gefärbt, so nehmen Sie rasch die Pfanne und schieben diese ohne Deckel in den heißen Backofen. Dort wird die Oberfläche noch etwas gegart. Sie sollte unbedingt trocken sein, also fest, wenn Sie mit der Fingerspitze darauf tupfen. Wer keinen Backofen hat, kann die Omelette soufflé auch außschließlich auf dem Herd garen, nur ist die Gefahr, daß sie von unten zu stark bräunt, dann größer.

In den meisten Fällen wird solch ein Omelett natur gereicht, also ohne weitere Zutaten. Man läßt es halb auf eine Platte gleiten und schlägt die zweite Hälfte über die erste.

Wer es aber füllen will, beispielsweise mit Frikassee, Ragout, heißen Pilzen, Spargelspitzen, vielleicht auch mit Konfitüre oder Kompott, muß etwas Übung haben. Denn dazu darf man zunächst nur die eine Hälfte auf die warme Platte gleiten lassen, muß dann mit der freien Hand das Omelett füllen und schließlich die zweite Hälfte darüberschlagen.

Omelette soufflé mit pikanter Füllung

Zutaten wie zur Omelette soufflé, 1 kleine Zwiebel, 100 g gekochter Schinken, 100 g frische Champignons, 1 EL Zitronensaft, 20 g Butter oder Margarine, 1 kleine Dose Erbsen, 1 kleine Fleischtomate, 1 gestrichener TL Mehl, 4—6 EL Sahne, Salz, feingehackte Petersilie, 1 kleine Tomate

Die Zutaten für die Omelette soufflé bereitstellen, dann aber zunächst die Füllung zubereiten.

Die Zwiebel schälen und sehr fein hacken. Den Schinken von Schwarten und Fetträndern befreien, kleinwürfeln. Die Champignons putzen, waschen, in Scheiben schneiden, mit Zitronensaft marinieren. Dann das Fett im Topf erhitzen und die Zwiebel darin andünsten. Nacheinander Schinken, Pilze und schließlich die Erbsen und die geschälte, kleingewürfelte Tomate dazugeben. Mit Mehl überpudern, mit Sahne ablöschen. Kurz durchkochen lassen, dabei aber nur vorsichtig rühren. Mit Salz abschmecken, die Petersilie darunterrühren.

Jetzt den Omeletteig bereiten, ein großes schaumiges Omelett daraus backen. Das Omelett zur Hälfte auf eine ovale, vorgewärmte Platte gleiten lassen, mit der warm gehaltenen Füllung füllen, die zweite Hälfte darüberklappen. Gleich zu Tisch tragen. Die Füllung darf natürlich aus dem Omelett herausschauen. Mit Tomatenachteln garnieren.

Internationale Spezialitäten

Korinthenküchlein

2 Eier, knapp ¼ l Milch, 200 g Mehl, 2 gestrichene TL Backpulver, knapp ½ TL Salz, 100 g Korinthen, Schmalz zum Braten

Diese altholländischen Küchlein werden im Ursprungsland »drie in de pan«, also »Drei in einer Pfanne« genannt.
Für den Teig Eier mit Milch, Mehl, Backpulver und Salz in eine Schüssel geben und alle Zutaten entweder mit dem Schneebesen oder dem Elektroquirl gut verschlagen. Den Teig nach Möglichkeit eine halbe Stunde stehen lassen, damit das Mehl quellen kann. Die Korinthen waschen, abtropfen lassen und in den ziemlich dickflüssigen Teig geben.
Reichlich Schmalz in einer großen Pfanne erhitzen. Jeweils drei Küchlein auf einmal backen. Sie sollten dicker als normale Pfannkuchen sein. Damit sie durch und durch gar werden, darf die Brattemperatur nicht zu hoch sein. Die erste Seite wird mit Deckel gebraten. Die Küchlein sollten gewendet werden, wenn die Oberseite trocken aussieht und die Unterseite schön braun ist. Bergartig auf einer vorgewärmten Platte anrichten und im warmen Backofen mit Alufolie zugedeckt bis zum Servieren warm halten. Feinen Zucker, eventuell auch Kompott, dazu reichen.
Das Rezept kann übrigens auch mit Äpfeln abgewandelt werden. Apfelschnitze anstelle oder mit den Korinthen an den Teig geben.

Clafoutis
(Französischer Kirschpfannkuchen)

1 Glas Schattenmorellen (ca. 500 g), 2 EL Rum, 2 Eier, 1 Eigelb, 75 g Zucker, 1 Päckchen Vanillinzucker, 1 Prise Salz, 80 g Mehl, knapp ¼ l Milch, Fett für die Form, Puderzucker zum Bestreuen

Zunächst die Schattenmorellen gut abtropfen lassen. Mit Rum begießen und möglichst über Nacht stehen lassen. Die Eier mit dem Eigelb, Zucker, Vanillinzucker und Salz kräftig verschlagen, Mehl und Milch hinzufügen. Zum Schluß die Kirschen unterheben. Die Masse in eine flache, gut gefettete Auflaufform füllen; in Frankreich werden dafür Spezialformen verkauft. Auf einen Rost in den vorgeheizten Backofen (200° C / Gas 3½) schieben und 25 bis 30 Minuten backen. Wenn die Oberfläche goldbraun und der Kirschpfannkuchen aufgegangen ist, aus dem Ofen nehmen. Eventuell stürzen. Unbedingt nötig ist das aber nicht, er wird in Frankreich auch sehr oft direkt aus der Form serviert. Mit Puderzucker bestreut warm als Nachspeise zu Tisch bringen.

Holländische Haferküchlein

½ l Milch, 60 g Haferflocken, 1 Prise Salz, 3 EL Zucker, 2 Eier, 60 g Mehl, Margarine, Öl oder Plattenfett zum Braten

Für diese holländische Spezialität müssen Sie zunächst die Haferflocken mit der Milch und dem Salz zum Kochen bringen und ausquellen lassen. Dann abkühlen lassen.
Inzwischen Eigelb mit Zucker schaumig rühren, erst das Mehl, dann den Haferflockenbrei und schließlich das steifgeschlagene Eiweiß unterrühren.

Von dieser Masse in einer schweren Pfanne in reichlich heißem Fett etwa enteneigroße, ziemlich dicke Küchlein backen. Bis zum Verzehr im warmen Backofen, am besten mit Alufolie bedeckt, warm halten. Zucker und Zimt gelten als klassische Beigabe.

Buchweizenpüfferchen

150 g Mehl, 100 g Buchweizenmehl, 10 g Hefe, $^3/_{10}$ l lauwarme Milch, 1 TL Zucker, 2 Eier, Salz, Butter, Margarine oder Schmalz zum Braten

Diese kleinen Püfferchen werden im Ursprungsland, nämlich Holland, in Spezialpfannen, die kleine, etwa enteneigroße Vertiefungen haben, gebacken und sind dort auf Volksfesten und in bäuerlichen Wirtschaften auch heute noch sehr beliebt. In der Regel werden die »poffertjes« zu 12 oder 24 Stück mit einem Stückchen Butter obenauf und reichlich Puderzucker bestreut den Gästen angeboten.
Für den Teig das Mehl mit Buchweizenmehl mischen, in die Mitte eine Vertiefung machen. Dann die Hefe hineinbrökkeln. Den Zucker daraufstreuen, mit etwas Milch ein Hefestück anrühren. Nach 15 Minuten die übrige Milch und das Salz zugeben und alle Zutaten kräftig mit einem hölzernen Kochlöffel zu einem dicklichen, zähen Teig verschlagen. Zugedeckt an warmer Stelle stehen lassen, damit die Hefe geht.
Nun in der »poffertjespan« Butter, Margarine oder Schmalz erhitzen und die kleinen Küchlein backen. Wer keine Spezialpfanne hat, kann den Teig auch eßlöffelweise in die Pfanne geben. Die Küchlein sollten recht dick sein. Bergartig auf eine warme Platte schichten und mit Puderzucker reichen.

Polnische Quarkküchlein

250 g Quark, 125 g Doppelrahm-Frischkäse, 3 Eigelb, 1 EL Zucker, 1 Päckchen Vanillinzucker, 4 EL Sultaninen, 2 EL Mehl, 100 g Zwieback- oder Kuchenbrösel, 3 Eiweiß, Butter, Margarine, Plattenfett oder Öl zum Braten, Puderzucker zum Bestreuen

Dieses Rezept ist eine vorzügliche Resteverwertung für zerbröselte Plätzchen. Mit Kompott serviert sind diese feinen Küchlein vor allen Dingen bei Kindern sehr beliebt. Sie zeichnen sich überdies durch einen hohen Eiweißgehalt aus.
Den Quark und Frischkäse durch ein Sieb streichen. Dann Eigelb, Zucker, Vanillinzucker, Sultaninen, Mehl und die feinen Brösel darunterrühren. Die Masse muß recht fest sein. Das Eiweiß gut steif schlagen und unmittelbar vor dem Backen unter den Teig heben. Reichlich Fett in einer großen Pfanne erhitzen. Nun die Hitze reduzieren. Mit einem Eßlöffel etwa gänseeigroße Küchlein in die Pfanne geben, diese etwas flach drücken, dann langsam braten. Legen Sie in den ersten Minuten einen Deckel auf, damit die Küchlein auch von innen erhitzt und gar werden.
Auf eine vorgewärmte Platte türmen und unmittelbar vor dem Servieren mit Puderzucker überstäuben.

Buttermilchpfannkuchen, baltische Art

3 Eier, 200 g Mehl, 1 EL Weizenkleie, gut ¼ l Buttermilch, Salz, Margarine oder Öl zum Braten, ¼ l saure Sahne

Die Eier mit Mehl, Weizenkleie, Buttermilch und Salz gut verschlagen. Den Teig möglichst 30 Minuten stehen lassen.

Dann in heißem Fett vier große, nicht zu dicke Pfannkuchen backen. Mit saurer Sahne bestreichen, aufrollen.
Die klassischen Beigaben dazu sind milde Matjesheringe mit Zwiebelringen und Rote-Bete-Salat.

Quarkplinsen mit Kräutern

250 g Magerquark, ⅛ l Milch, 150 g Grieß, 4 EL Semmelbrösel, ½ TL Salz, ½ Tasse feingehackte gemischte Kräuter, weißer Pfeffer, Paprika, einige Tropfen Worcestersauce, 125 g roher oder gekochter Schinken, Margarine, Öl oder Plattenfett zum Braten

Wichtig ist, daß der Quark für diese Plinsen recht trocken ist, sonst müssen Sie die Milchmenge etwas verringern.
Den Quark mit Milch, Grieß, Semmelbröseln, Salz, Kräutern, Pfeffer, Paprika und Worcestersauce in eine Schüssel geben und zu einem glatten, festen Teig verrühren. Dann den Schinken in kleine Würfelchen schneiden und unter den Teig mischen.
In einer Pfanne reichlich Fett erhitzen. Mit einem Eßlöffel Plinsen in die Pfanne geben, diese etwas flach drücken. Bei mäßiger Hitze langsam backen, dabei die Pfanne gelegentlich hin und her schütteln, damit sich die Plinsen nicht an dem Boden der Pfanne festsetzen. Vorsichtig wenden und auch von der zweiten Seite goldbraun braten.
Mit Gurken- oder Bohnensalat und Tomatenketchup ein schneller, aparter Imbiß.

Blinis mit Kaviar

⅛ l Milch, 15 g Hefe, 50 g Mehl, 2 Eier, ¼ l Sahne, 125—150 g
Buchweizenmehl, ¼ TL Salz, Öl zum Braten, 100 g Kaviar, ¼ l
dicke saure Sahne, 1 Zitrone

Zunächst die Milch mit Hefe und Mehl verschlagen und an
warmer Stelle stehen lassen, damit die Hefe aufgeht. Dann
die Eier, Sahne, Buchweizenmehl und Salz zugeben und alle
Zutaten zum glatten Bliniteig verschlagen.
In einer kleinen Pfanne Öl erhitzen, Blinis backen. Jeweils
etwas Kaviar, einen guten Eßlöffel saure Sahne und eine
dünne Zitronenscheibe daraufgeben. Sofort servieren.
Sie können aber auch den Kaviar, die Sahne und die Zitronenscheiben extra auf den Tisch stellen und zum Schluß die bergartig aufgetürmten Blinis dazu reichen.
Buchweizenmehl bekommen Sie in Kaufhäusern, gut sortierten Supermärkten oder Reformhäusern.

Finnischer Ofenpfannkuchen

4/10 l Sahne, 30 g Butter, 4 Eier, 100 g feiner Zucker, 100 g Mehl,
etwas ungespritzte, feingeriebene Zitronenschale oder 2 TL Vanillinzucker, Fett für die Form

In Finnland wird dieser Pfannkuchen in eisernen Pfannen
gebacken. Wir können die gehaltvolle Süßspeise natürlich
auch in einer großen, flachen Auflaufform backen.
Die klassische Beigabe dazu ist Preiselbeerkompott. Der
Ofenpfannkuchen schmeckt aber auch mit Blaubeeren,
Sauerkirschen oder einer würzigen Hagebuttensauce.
Zunächst die Sahne steif schlagen. Die Butter zerlassen, ab-

kühlen lassen. Die Eier mit dem Zucker und Vanillinzucker in einer zweiten Schüssel sehr schaumig schlagen. Nun die steife Sahne, das abgekühlte Fett und das gesiebte Mehl dazugeben. Alle Zutaten sorgfältig miteinander vermengen.

In eine großzügig ausgefettete eiserne Pfanne oder Auflaufform geben. Bei 200° C / Gas 3½ auf dem Rost im vorgeheizten Backofen etwa 20 Minuten backen und gleich nach der Fertigstellung zu Tisch bringen.

Wiener Kirschen-Schmarren

3 Eier, 200 g Mehl, gut ¼ l Milch, Salz, 1 Päckchen Vanillinzucker, Margarine, Öl oder Plattenfett zum Braten, 500 g entsteinte, abgetropfte Kirschen, 50 g geröstete Mandelsplitter, Puderzucker oder Zucker und Zimt zum Bestreuen

Zunächst aus Eiern, Mehl, Milch, Salz und Vanillinzucker einen dicklichen Pfannkuchenteig schlagen. Diesen etwas stehen lassen.

Das Fett in einer Pfanne erhitzen. Mit einem Schöpflöffel portionsweise Teig hineingeben, nach dem Wenden den Pfannkuchen mit zwei Gabeln zum Schmarren zerreißen. Schnell eine Portion abgetropfter Kirschen dazugeben, damit diese warm werden. In eine Schüssel geben. Mit dem übrigen Teig und den Kirschen auf gleiche Art verfahren. Zum Schluß die gerösteten Mandelsplitter über den Schüsselinhalt streuen. Entweder mit Puderzucker bestäuben oder Zucker mit Zimt gemischt separat zum Kirschen-Schmarren reichen.

Wer will, kann den Teig durch Zugabe von 125 g Magerquark aufwerten.

Wiener Topfenpalatschinken

2 Eier, ¼ l Milch, Wasser oder halb Milch und halb Wasser, 150 g Mehl, knapp ¼ TL Salz, Öl oder Plattenfett, 250 g Sahnequark, 2 Eigelb, 100 g feiner Zucker, 4 EL Sultaninen, 2 EL Rum, etwas Vanillemark, 2—3 EL Puderzucker

Zunächst den Teig bereiten, denn er sollte vor dem Backen etwas ruhen. Dafür die Eier mit der Milch oder dem Wasser, Mehl und Salz in eine Schüssel geben und mit dem Schneebesen oder dem Elektroquirl sehr kräftig verschlagen. Zugedeckt mindestens 30 Minuten stehen lassen.

Für die Füllung den Quark mit Eigelb, Zucker, Sultaninen, Rum und Vanillemark aus echten Vanilleschoten in einer Schüssel verrühren. Wer es besonders gut meint, kann die Sultaninen auch am Abend zuvor mit Rum beträufelt quellen lassen.

Aus dem Teig etwa 8 dünne Palatschinken von 12 bis 15 cm Durchmesser backen und zunächst auf einer Platte stapeln. Dann rasch mit der Quarkmasse füllen, aufrollen und nebeneinander auf eine heiße, feuerfeste Platte geben. Die Form mit Alufolie abdecken, nochmals kurz in den heißen Backofen schieben, damit die Füllung sich erwärmt. Vor dem Servieren mit Puderzucker bestäuben. Eine gehaltvolle, aber köstliche Nachspeise.

Sahnepalatschinken

Diese köstlichen österreichischen Pfannkuchen werden nach dem gleichen Rezept hergestellt. Vor dem Einschieben in den

Backofen wird zusätzlich ¼ l süße Sahne, die mit einem Päckchen Vanillinzucker vermischt wurde, auf die Palatschinken gegossen. Die Backzeit beträgt dann etwa 12 Minuten, damit die Sahne die Füllung gut durchdringt. In diesem Fall wird die Form nicht mit Alufolie abgedeckt.

Forstmeisters Schmarren

4 Eier, ⅛ l Sahne oder Mineralwasser, ¼ l Milch, 200 g Mehl, 100 g geriebener Käse, 100 g gekochter Schinken, 100 g Pfifferlinge, 2 EL Petersilie, ¼ TL Salz, Margarine oder Öl zum Braten

Dieses ist die Luxus-Variation des Holzhackerschmarrens. Als Beigabe eignen sich Kopfsalat oder Tomatensalat.
Die Eier mit Sahne oder Mineralwasser, Milch, Mehl und dem geriebenen Käse in eine Schüssel geben. Nun alle Zutaten mit dem Schneebesen oder dem Elektroquirl kräftig verschlagen. Den Schinken von Schwarten und Fett befreien, in kleine Würfel schneiden. Die Pfifferlinge putzen, waschen, gut abtropfen lassen und sehr klein hacken. Dosenware nur abtropfen lassen und dann hacken. Die Petersilie fein wiegen. Dann Schinken, Pfifferlinge, Petersilie und Salz in den Teig geben. Diesen nach Möglichkeit noch 15 bis 30 Minuten stehen lassen. Portionsweise in heißem Fett braten. Nach der halben Bratzeit den Pfannkuchen wenden, kurz von der zweiten Seite braten, dann mit Hilfe von zwei Gabeln oder des Bratenwenders in Stücke zerreißen. In eine vorgewärmte Schüssel geben, mit einem Teller zudecken und im heißen Backofen warm halten, bis auch der Rest gebraten ist.

Wiener Fleisch-Schmarren

2 Zwiebeln, 2 EL Öl, 250 g gemischtes Hackfleisch, Salz, Pfeffer, einige Tropfen Tabasco, 2 EL feingehackte Petersilie, 3 Eier, 200 g Mehl, gut ¼ l Milch, ½ TL Salz, Margarine, Öl oder Plattenfett zum Braten, Reibkäse zum Bestreuen

Zuerst die Zwiebeln schälen, hacken und in heißem Öl in der Pfanne glasig dünsten. Das Hackfleisch zugeben, braten, bis es krümelig wird und leicht bräunt. Mit Salz, Pfeffer, Tabasco und reichlich Petersilie würzen. Die Pfanne von der Kochstelle nehmen und den Pfanneninhalt abkühlen lassen.
Aus Eiern, Mehl, Milch und Salz einen dicklichen Pfannkuchenteig schlagen. Die Zwiebel-Fleisch-Mischung unterrühren.
Nun abermals Fett in der Pfanne erhitzen, den Teig portionsweise darin braten. Nach dem Wenden wie Kaiserschmarren in grobe Stücke zerreißen. In einer Schüssel warm halten. Zum Schluß den Fleisch-Schmarren mit reichlich geriebenem Käse überstreuen. Tomatenketchup und Salat dazu reichen.

Holzhackerschmarren

4 Eier, ⅛ l Sahne oder Mineralwasser, ¼ l Milch, 200 g Mehl, 100 g geriebener Käse, ¼ TL Salz, Muskat oder Basilikum, Margarine oder Öl zum Braten

Mit Kopfsalat oder Tomatenpaprikasalat ergibt der Holzhackerschmarren eine schnell zubereitete, gut sättigende Mahlzeit.
Eier, Sahne oder Mineralwasser, Milch, Mehl, Reibkäse, Salz und Muskat oder Basilikum in eine Schüssel geben. Nun alle

Zutaten mit dem Schneebesen oder dem Elektroquirl gut verschlagen. Den Teig nach Möglichkeit 15 bis 30 Minuten stehen lassen.

Zum Braten das Fett in einer Pfanne gut erhitzen, etwa ein Viertel des Teiges hineingeben. Bei nur mäßiger Hitze auf der Unterseite braten, sonst wird der Käse braun und schmeckt leicht bitter. Wenn die Unterseite goldgelb ist, den Schmarren wenden, nur ganz kurz von der zweiten Seite braten und mit Hilfe des Bratenwenders oder zwei Gabeln in Stücke zerreißen. In eine vorgewärmte Schüssel geben, einen Teller darauflegen und im vorgewärmten Backofen warm halten.

Bananenschmarren

3/8 l Milch, 3 Eier, 1 TL Backpulver, 1 Prise Salz, 150 g Mehl, 4 Bananen, 2 EL Zitronensaft, 4 EL Rosinen, Öl oder Plattenfett zum Braten, 2 EL Mandelstifte, Zucker, 1 Päckchen Vanillinzucker

Milch mit Eiern, Backpulver und Salz verschlagen, das Mehl durchsieben und auf einmal in die Mischung geben, kräftig mit dem Schneebesen durchschlagen und etwas quellen lassen. Inzwischen die Bananen schälen, in Scheiben schneiden. Mit Zitronensaft beträufeln, damit sie nicht braun werden. Die Rosinen in einer Tasse mit kochendem Wasser bedeckt quellen lassen.

Je 2 Eßlöffel Öl in einer kunststoffbeschichteten Pfanne erhitzen. Ca. 1/3 der Teigmenge hineingeben, bei nicht zu starker Hitze auf der einen Seite goldbraun braten, dann wenden. Nun je 1/3 Bananen und Rosinen sowie Mandelstifte über den Eierkuchen geben, alles mit Hilfe von zwei Gabeln groß zerzupfen und noch etwas braten. In eine vorgewärmte Schüssel geben, mit Vanillezuckergemisch bestreuen und warm halten, bis aller Teig verarbeitet wurde.

Palatschinken mit Powidl

4 Eier, ½ l Milch, 250 g Mehl, ½ TL Salz, Öl oder Plattenfett zum Braten, 1 Glas Powidl (Zwetschgenmus), 50 g geröstete, gehobelte Mandeln, Puderzucker zum Bestreuen, eventuell etwas Kirschwasser oder Himbeergeist

Die Eier mit Milch, Mehl und Salz in eine Schüssel geben und rasch mit dem Schneebesen oder dem Elektroquirl verschlagen. Den Teig etwa eine halbe Stunde ruhen lassen. Dann in einer nicht zu großen Pfanne zirka 12 dünne Palatschinken backen. Aufeinandertürmen.
Nun die Palatschinken der Reihe nach mit Powidl, welches eventuell mit etwas Zwetschgen-, Kirschwasser oder Himbeergeist verrührt wurde, bestreichen. Die Mandeln daraufstreuen, dann die Palatschinken aufrollen und nebeneinander auf eine ovale, vorgewärmte Platte legen. Mit Puderzucker bestreuen und sofort servieren.

Kaiserschmarren

4—6 EL Sultaninen, ⅛ l Rum, 3 Eier, 200 g Mehl, gut ¼ l Milch, ½ TL Salz, Margarine, Öl oder Plattenfett zum Braten, 4 EL geröstete Mandelsplitter, 1 Päckchen Vanillinzucker, Puderzucker zum Bestreuen

Die Sultaninen am besten tags zuvor mit Rum bedeckt quellen lassen. Dann aus Eiern, Mehl, Milch und Salz einen ziemlich dickflüssigen Pfannkuchenteig schlagen und diesen quellen lassen. Die rumgetränkten Sultaninen darunterrühren.

Fett in einer großen Pfanne erhitzen, den Teig portionsweise mit einer Schöpfkelle hineingeben. Nach dem Wenden nur noch kurz braten lassen, dann entweder mit dem Pfannenmesser oder mit zwei Gabeln in mundgerechte Stücke zerreißen. Diese abermals braten. Abwechselnd mit gerösteten Mandeln in eine warme Schüssel schichten. Zugedeckt im Backofen warm halten. Zum Schluß mit einem Gemisch von Vanillinzucker und Puderzucker bestäuben und mit Kompott zu Tisch bringen.

Pikanter Semmelschmarren

1 kleine Zwiebel, 10 g Margarine, 4 Semmeln vom Vortag, ¼ l Milch, 2 Eier, Salz, Muskat, Margarine, Öl oder Plattenfett zum Braten

Zunächst die Zwiebel schälen, fein hacken und in einer kleinen Pfanne in heißer Margarine goldbraun braten. Die Semmeln in dünne Scheiben schneiden. Die Milch mit Eiern, Salz und Muskat verschlagen, dann die Zwiebelwürfelchen und die Semmelscheiben hineingeben. Eine gute halbe Stunde durchziehen lassen.
Nun das Fett in der Pfanne erhitzen, die Masse hineingeben. Zunächst von der Unterseite braten. Dann wenden, die zweite Seite etwas anbraten, anschließend die Masse in Stücke zerreißen. Der Teig kann durch Zugabe von feingehackter Petersilie, Dill oder Majoran geschmacklich verändert werden. Semmelschmarren, auf diese Weise zubereitet, schmecken ähnlich wie Semmelknödel, die in der Pfanne aufgebraten werden. Gut zu Fleischgerichten mit Sauce. Für starke Esser das Rezept verdoppeln.

Obstschmarren

4 Eier, gut ¼ l Milch, 250 g Mehl, 1 Päckchen Vanillinzucker, 750—1000 g Äpfel, Kirschen und Zwetschgen, Margarine, Öl oder Plattenfett zum Braten, Zucker zum Bestreuen, eventuell Zimt

Zunächst aus Eiern, Milch, Mehl und Vanillinzucker einen dicklichen Pfannkuchenteig herstellen. Zugedeckt etwas quellen lassen. In der Zwischenzeit das Obst vorbereiten. Äpfel schälen und in dünne Schnitze schneiden, Kirschen entsteinen, Zwetschgen entsteinen und halbieren.
In einer dickwandigen Pfanne das Fett erhitzen, den Teig ziemlich dick einfüllen, Obst daraufgeben. Bei mäßiger Hitze von der Unterseite braten, dann wenden. Nun die Hitze verstärken. Nach etwa einer halben Minute den Pfannkuchen mit zwei Gabeln in Stücke zerreißen. Den Obstschmarren goldbraun braten. In eine vorgewärmte Schüssel geben, zugedeckt im Backofen aufheben, bis aller Teig verarbeitet ist. Dann gleich servieren. Zucker, eventuell mit Zimt gemischt, dazu reichen.

Quarkschmarren

500 g Magerquark, 100 g Mehl, 100 g Grieß, 4 Eier, Margarine, Öl oder Plattenfett zum Braten

Wegen des hohen Eiweißgehaltes von Quark ist der Quarkschmarren sehr gesund und beliebt. Er kann süß mit Zucker und Kompott oder salzig mit Gulasch und Salat gereicht werden.

Den Quark, falls nötig, durch ein Sieb streichen. Mehl, Grieß, Eier und Salz zugeben. Die Masse muß recht fest sein. Nun Fett in einer dickwandigen Pfanne erhitzen, einen Teil der Quarkmasse etwa 1 cm hoch einfüllen. Bei nicht zu starker Hitze von der Unterseite goldbraun braten. Vorsichtig wenden. Auch die zweite Seite etwas anbraten, dann mit zwei Gabeln zu Schmarren zerzupfen. Bei stärkerer Hitze zu goldbraunen Schmarren braten lassen. Bis zum Verzehr zugedeckt im warmen Backofen aufheben.

Haferflocken-Apfelschmarren

400 g Haferflocken, ½—¾ l Milch, ¼ TL Salz, 3—4 Eier, 500 g säuerliche Äpfel, 2 EL Sultaninen, Margarine, Öl oder Plattenfett zum Braten, Zucker und Zimt zum Bestreuen

Dies ist ein vorzügliches Rezept, die Schmarren schmecken herzhafter als solche, die aus Mehl hergestellt wurden.
Zunächst die Haferflocken mit warmer Milch übergießen und etwa 30 Minuten quellen lassen. Dann Salz und Eier zugeben. Seien Sie vorsichtig mit der Flüssigkeitsmenge, der Teig darf nicht zu dünn sein. Die Äpfel schälen, in feine Schnitze schneiden und mit den gewaschenen Sultaninen unter den Teig mengen. Nun Fett in einer Pfanne erhitzen, den Teig etwa ¾ cm hoch hineingeben und bei mäßiger Hitze von der Unterseite goldbraun braten. Vorsichtig wenden, dann kurz braten und mit zwei Gabeln in Stücke zerreißen. Bis zum Verzehr zugedeckt warm halten.
Zucker und Zimt dazu reichen. Durch Zugabe von 50 g Mandelsplittern oder grobgehackten Haselnüssen kann der Teig noch verbessert werden.

Grießschmarren

1 l Milch, 1 Prise Salz, 1 Stück ungespritzte Zitronenschale, 250 g grober Grieß, 4 Eier, Margarine, Öl oder Plattenfett zum Braten, Puderzucker zum Bestreuen

Für diese Spezialität zunächst die Milch mit Salz und einem Stück Zitronenschale zum Kochen bringen. Den Grieß in einem dünnen Strahl in die kochende Milch streuen, dabei heftig mit einem Schneebesen schlagen, damit sich keine Klumpen bilden. Anfängern sei geraten, den Grieß mit einem Teil kalter Milch anzurühren und dann in die kochende Milch zu geben. Unter Rühren den Grieß etwa 5 Minuten ausquellen lassen. Die Zitronenschale herausnehmen. Den Grießbrei etwas auskühlen lassen, dann die Eier der Reihe nach darunterrühren.

Eine dickwandige Pfanne erhitzen, Fett hineingeben, heiß werden lassen. Dann eine etwa 1 cm dicke Schicht Grießbrei hineingeben. Von der Unterseite goldbraun braten. Mit Hilfe eines Deckels wenden. Abermals kurz anbraten, dann mit zwei Gabeln in Stücke zerreißen. Lagenweise mit Puderzucker in eine Schüssel füllen, bis zum Verzehr zugedeckt im Backofen warm halten.

Kompott dazu reichen.

Reisschmarren

250 g Milchreis, ½ l Wasser, 1 Prise Salz, etwas ungespritzte Zitronenschale, ½ l Milch, 4 Eier, 2—3 EL Zucker, 50 g Sultaninen, Margarine, Öl oder Plattenfett zum Braten

Zunächst den Milchreis gut waschen, mit Wasser, Salz und einem Stück Zitronenschale aufkochen, dann die Milch zufügen. Wenn die Masse wieder kocht, beim Elektroherd die

Wärmezufuhr ausschalten und den Reis auf der Kochplatte ausquellen lassen. Beim Gasherd auf kleinster Flamme köcheln lassen. Etwas abkühlen lassen.
Die Eier mit dem Zucker verrühren, dann zum Reisbrei geben. Sultaninen waschen, abtropfen lassen und ebenfalls unterrühren. Die Masse portionsweise in eine dickwandige Pfanne mit heißem Fett geben, von einer Seite braten, wenden, dann mit zwei Gabeln in Stücke zerreißen und noch kurz braten. Zucker und Kompott dazu reichen.
Wichtig: Die Eier dürfen nicht geteilt werden, weil steifgeschlagenes Eiweiß die Zubereitung der Schmarren erschweren würde.

Plinsenberg

250 g Mehl, 3 Eier, gut ¼ l Milch, ½ TL Salz, Öl oder Plattenfett zum Braten, 250 g Magerquark, 4 EL Zucker, ⅛ l Sahne oder Milch, 1 Päckchen Vanillinzucker, 250 g entsteinte Sauerkirschen, Aprikosen- oder Pfirsichschnitze, eventuell Zucker zum Bestreuen

Zunächst den Pfannkuchenteig bereiten, damit das Mehl in der Milch etwas quellen kann. Dafür Mehl, Eier, Milch und Salz in eine Schüssel geben, alle Zutaten schnell mit dem Schneebesen oder einem Elektroquirl verschlagen.
Für die Füllung den Quark mit Zucker, Sahne oder Milch und Vanillinzucker gut verrühren. Zum Schluß die entsteinten Sauerkirschen, die zerkleinerten Aprikosen oder Pfirsiche daruntergeben. Abschmecken, ob die Füllung süß genug ist.
In einer kleinen Pfanne von etwa 20 cm Durchmesser nicht zu dicke Plinsen backen. Jeweils einen guten Eßlöffel Quarkmasse daraufgeben, dann die Plinsen aufeinanderschichten. Die Plinsenberge bis zum Verzehr mit Alufolie abdecken und im nicht zu heißen Backofen warm halten. Eventuell noch Zucker gesondert dazu reichen.

Reisküchlein

125 g Milchreis, ¼ l Wasser, ½ l Milch, 2 Eier, 3 EL Zucker, feingeriebene Schale von ½ ungespritzten Zitrone, 60 g Mehl, Butter, Margarine, Öl oder Plattenfett zum Braten

Für diese Reisküchlein müssen Sie zunächst den Reis vorgaren, es sei denn, Sie haben einen Rest Milchreis. Er darf aber nicht hart sein. Von fertigem Milchreis benötigen Sie 400 g!
Den Milchreis gut waschen, mit dem Wasser zum Kochen bringen, dann die Milch zufügen. Beim Elektroherd die Stromzufuhr ausschalten, damit der Reis nicht anbrennt. In etwa 30 Minuten den Reis auf der Kochplatte ausquellen lassen. (Beim Gasherd auf kleinster Flamme köcheln lassen.) Etwas abkühlen lassen.
Die Eier teilen, das Eigelb mit dem Zucker schaumig rühren. Dann den abgekühlten Reis, das Mehl, schließlich das steifgeschlagene Eiweiß untermengen.
In einer großen Pfanne aus diesem Teig gut enteneigroße Küchlein backen. Sie sollten dicker als normale Pfannkuchen sein. Warm halten und mit Zucker und Zimt auf den Tisch stellen. Dazu gibt es Pflaumen- oder Aprikosenkompott.

Tortilla mit Thunfisch

1 Dose Thunfisch, 6 Eier, 6 EL Wasser oder Mineralwasser, Salz, weißer Pfeffer, 1 TL Zitronensaft, eventuell etwas Knoblauchpulver, 2—3 EL Öl, feingeschnittener Schnittlauch

Den Thunfisch gut vom Öl abtropfen lassen und in feine Stückchen zerpflücken. Die Eier mit Wasser oder Mineral-

wasser verschlagen, salzen und pfeffern. Außerdem mit Zitronensaft und eventuell mit Knoblauchpulver würzen, den Thunfisch darunterrühren.
Nun in einer großen Pfanne das Öl erhitzen, die Masse hineingießen und bei mäßiger Hitze fest werden lassen. Dabei einen Deckel auflegen. Die Tortilla sollte auf der Unterseite nicht braun werden, sie kann, muß aber nicht gewendet werden. Mit Schnittlauch bestreut zu Tisch bringen.
Besonders gut mit Tomatensalat und frischem Weißbrot.

Krabbentortilla

100—150 g Krabben, 1 EL Zitronensaft, 6 Eier, 6 EL Wasser oder Mineralwasser, Salz, 40 g Butter oder Margarine, eventuell eine kleine Tomate und etwas frischer Dill

Tiefkühlkrabben auftauen lassen, frische Krabben aus den Schalen lösen. Dosenkrabben kurz unter fließendem Wasser abspülen, damit die zur Konservierung notwendige Borsäure entfernt wird. Mit Zitronensaft parfümieren.
Die Eier mit Wasser oder Mineralwasser und etwas Salz verschlagen. Die Salzmenge richtet sich nach dem Salzgehalt der Krabben, der erfahrungsgemäß sehr unterschiedlich ist.
In einer großen Pfanne die Hälfte der Butter oder Margarine zergehen lassen. Dann die Hälfte der mit den Krabben gemischten Eimasse hineingießen und bei schwacher Hitze stocken lassen. Die Tortilla sollte auf der Unterseite nicht braun werden! Einen Deckel auflegen. Beginnt die Oberfläche stumpf auszusehen, lassen Sie sie erst zur Hälfte auf eine warme Platte gleiten und klappen sie dann um.
Sehr apart wirkt das Gericht, wenn Sie die fertige Tortilla mit einigen Tomatenschnitzen und Dillzweiglein dekorieren.

Tortilla, katalanische Art

1 rote Paprikaschote, 1 grüne Paprikaschote, 1 kleine Zwiebel, 1 Knoblauchzehe, 12 entsteinte Oliven, 2 EL Olivenöl, 6 Eier, 6 EL Wasser oder Mineralwasser, Salz, Pfeffer

Zunächst das Gemüse vorbereiten. Die Paprikaschoten putzen, waschen, in schmale Streifen schneiden. Die Zwiebel schälen und mit dem Gurkenhobel in dünne Ringe hobeln. Die Knoblauchzehe durchpressen oder fein hacken, die Oliven in Scheiben schneiden.
Nun das Öl in einer Pfanne erhitzen und das Gemüse unter gelegentlichem Rühren anbraten. Inzwischen die Eier mit Wasser oder Mineralwasser, Salz und Pfeffer verschlagen.
Das Gemüse in der Pfanne würzen. Die Eimasse daraufgießen. Bei mäßiger Hitze, am besten zunächst mit einem Deckel, stocken lassen. Dann den Deckel abnehmen, die Tortilla in der Pfanne etwas hin und her schütteln, so daß sie eine längliche Form bekommt. Umklappen und mit frischem Stangenweißbrot und gekühltem Roséwein auf den Tisch stellen.

Tortilla mit Möhren

250 g Möhren, 1 EL Zitronensaft, Salz, 6 Eier, 3 EL Wasser, Butter, Margarine oder Öl zum Braten, Petersilie zum Bestreuen

Dies ist ein altspanisches Rezept, welches schnell zubereitet ist und mit frischem Weißbrot oder Pommes frites eine vollständige Mahlzeit ergibt.
Die Möhren putzen, waschen und mit der feinen Rohkostreibe zerkleinern. Mit Zitronensaft beizen, salzen.
Die Eier mit Salz und Wasser gut verschlagen, dann die rohen Möhren darunter geben.

In einer großen Pfanne Fett heiß werden lassen, die Möhren-Ei-Masse hineingeben. Wenn die Hitze zu stark ist, wird die Eimasse von unten braun, ehe die Möhren gegart sind. Deshalb unbedingt die Hitze drosseln. Die Tortilla zugedeckt langsam garen. Mit Hilfe des Deckels vorsichtig wenden, dabei noch etwas Fett in die Pfanne geben. Dann mit Petersilie bestreuen und wie eine Torte auf einer runden, vorgewärmten Platte zu Tisch bringen.

Holländisches Ofenomelett

100 g geräucherter, durchwachsener Speck, 1 große Zwiebel, 1 TL Öl, 200 g Goudakäse, Petersilie, 6 Eier, ¼ l Sahne, Salz, Muskat, 10 g Butter, 3 EL Semmelbrösel

Den Speck zunächst in kleine Würfel schneiden, die Zwiebel schälen und fein hacken. Das Öl in einer Pfanne erhitzen, dann den Speck darin glasig werden lassen und die Zwiebel in die Mischung geben und andünsten. Den Käse von der Rinde befreien und in kleine Würfel schneiden. Die Petersilie hacken. Nun die Eier mit Sahne, Salz und Muskat verschlagen, die abgekühlten Speckwürfel mit Zwiebel, Käse und Petersilie daruntermischen und alles in eine feuerfeste Form geben. Semmelbrösel obenauf streuen. In einen vorgeheizten Backofen (200° C / Gas 3½) schieben und 6 bis 8 Minuten backen. Die Form aus dem Ofen nehmen, nochmals Semmelbrösel obenauf streuen und die Butter in Flöckchen darauf verteilen. Die Form abermals in den Backofen schieben. Backen, bis die Eimasse fest ist und sich die Semmelbrösel goldbraun färben.

Mit Salat und frischem Stangenweißbrot eine köstliche Mahlzeit.

Fou Yong mit Krebsfleisch

10 Champignons, 1 TL Zitronensaft, 1 kleines Stückchen Lauch, 2—3 Sellerieblätter, 1 Stückchen Bambussprosse, 1 Scheibe gekochter Schinken, 1 Dose Krebsfleisch (200 g), 4 Eier, Salz, Öl zum Braten

Die Champignons putzen, waschen, in dünne Scheiben schneiden und mit Zitronensaft benetzen. Den Lauch putzen und in hauchdünne Scheibchen schneiden. Die Sellerieblätter waschen und nicht zu grob zerschneiden. Die Bambussprosse, ersatzweise kann auch ein Stückchen junger Kohlrabi genommen werden, in streichholzdünne Stäbchen teilen. Den Schinken in Streifen schneiden. Das Krebsfleisch von Hornteilen befreien und etwas zerpflücken. Dann die Eier gut schlagen, salzen.

In einer großen Pfanne in wenig Öl zunächst die Champignons kurz anbraten. Mit dem Lauch ebenso verfahren. Falls Sie Kohlrabi verwenden, sollten auch dies kurz in Öl vorgegart werden. Das Gemüse abkühlen lassen. Gemüse, Schinken und Krebsfleisch zum Ei geben. Aus dieser Masse je nach Größe der Pfanne ein oder zwei Omeletts braten.

Sojasauce oder kalte, mit Soja abgeschmeckte Tomatensauce dazu servieren.

Fou Yong mit Bohnensprossen

1 kleine Dose Bohnensprossen, 1 Frühlingszwiebel oder ¼ Zwiebel und etwas Schnittlauch, 6 Eier, Salz, Öl zum Braten

Die Bohnensprossen kalt abspülen, dann sehr gut abtropfen lassen. Die Frühlingszwiebel putzen und in hauchdünne Scheibchen schneiden. Oder Zwiebel und Schnittlauch fein schneiden. Die Eier kräftig mit Salz verschlagen.
In einer großen Pfanne das Öl erhitzen. Sojasprossen und Zwiebelringe unter stetigem Rühren etwa eine Minute im Öl braten. Dann das verschlagene Ei gleichmäßig über die Gemüsemischung gießen. Bei milder Hitze stocken lassen. Vorsichtig wenden. Wie eine Torte auf einer runden Platte servieren.
Klassisch dazu ist eine süß-saure Sauce, die aus Tomatensaft, Essig, Zucker, Salz und Sojasauce nach persönlichem Geschmack gerührt wird.
Das Rezept kann auch mit feingehackten Krabben oder mit in schmale Streifen geschnittenem Hühnerfleisch abgewandelt werden.

Register nach Sachgruppen

Zutaten 11

Eier 11
Fett 14
Fett zum Braten 16
Flüssigkeit 12
Mehl 13
Salz 14
Treibmittel 16
Würzzutaten 15
Zucker 15

Pfannkuchen oder Eierkuchen 18

Apfelpfannkuchen 46
Aprikosenpfannkuchen 48
Bananenpfannkuchen 44
Buttermilchpfannkuchen 28
Duisburger Eierkuchentorte 43
Französischer Pfannkuchenauflauf 41
Früchte im Ausbackteig 52
Griechische Pfannkuchen 49
Hefepfannkuchen 27
Heidelbeerpfannkuchen 46
Kartoffelpfannkuchen 31
Kirschpfannkuchen 48
Neapolitanische Pfannkuchen 34
Olivenpfannkuchen 32
Orangenpfannkuchen 47
Pfannkuchen Bombay 37
Pfannkuchen, italienische Art 36
Pfannkuchen-Grundrezept Nr. 1 25
Pfannkuchen-Grundrezept Nr. 2, schwedische Art 26
Pfannkuchen-Grundrezept Nr. 3 26
Pfannkuchen-Grundrezept Nr. 4 Hefepfannkuchen 27
Pfannkuchen-Grundrezept Nr. 5, Buttermilchpfannkuchen 28
Pfannkuchen-Grundrezept Nr. 6, Quarkpfannkuchen 29
Pfannkuchen mit Apfel-Käse-Creme 50
Pfannkuchen mit Champignonfüllung 38
Pfannkuchen mit Currygulasch gefüllt 40
Pfannkuchen mit Edelpilzkäse 33
Pfannkuchen mit Gänseleberfüllung 39
Pfannkuchen mit Geflügelleberfüllung 38
Pfannkuchen mit kalifornischer Füllung 51
Pfannkuchen mit Leberwurstfüllung 40
Pfannkuchen mit Ragout bolognese 42
Pfannkuchenstrudel mit Quark-Apfel-Füllung 50
Quarkpfannkuchen 29
Rhabarberpfannkuchen 45
Speckpfannkuchen 30
Spinatpfannkuchen mit Schinkenspeck 32
Süße Pfannkuchen/Eierkuchen 44
Ungarische Pfannkuchen 36
Zwetschgenpfannkuchen 44
Zwiebelpfannkuchen 34
Zucchinipfannkuchen 35

Crêpes 53

Crêpes-Grundrezept Nr. 1 58
Crêpes-Grundrezept Nr. 2 (mit Bier) 59
Crêpes-Grundrezept Nr. 3 (mit Backpulver) 59
Crêpes-Grundrezept Nr. 4 (mit Hefe) 60

Crêpes-Grundrezept Nr. 5
(mit Mineralwasser) 60
Crêpes-Grundrezept Nr. 6
(mit Cidre) 61
Crêpes-Grundrezept Nr. 7
(mit Maismehl) 61
Crêpes-Grundrezept Nr. 8
(mit Weißwein) 62
Crêpepfannen 55
Crêpeteig 54

Pikante Variationen 65

Crêpes à l'apricot 96
Crêpes à la Großmama 95
Crêpes à la Roquefort 70
Crêpes, baltische Art 68
Crêpes Guacamole 78
Crêpes, irische Art 92
Crêpes Jamaica 92
Crêpes Melba 93
Crêpes Miami 91
Crêpes mit Anchovisfüllung 66
Crêpes mit Artischockenherzen 78
Crêpes mit Brätfüllung 72
Crêpes mit Champignonfüllung 81
Crêpes mit Eierfüllung 85
Crêpes mit Geflügelleberfüllung 74
Crêpes mit Hackfleisch, bulgarische Art 76
Crêpes mit Hüttenkäse 70
Crêpes mit Ingwerbutter 88
Crêpes mit Käse 67
Crêpes mit Krabbenfüllung 68
Crêpes mit Krabbenfüllung, südfranzösische Art 69
Crêpes mit Nußbutter 88
Crêpes mit Palmitofüllung 79
Crêpes mit Pfifferlingfüllung 80
Crêpes mit Rumrosinen 96
Crêpes mit Sahnekäsecreme 72
Crêpes mit Sauce Mornay 71
Crêpes mit Schinkenfüllung 73
Crêpes mit Spargelfüllung 82
Crêpes mit Spinatfüllung 83
Crêpes mit Vanillecreme 90
Crêpes mit Zitronenbutter 89
Crêpes mit Zwiebelfüllung I 80
Crêpes mit Zwiebelfüllung II 82
Crêpes Praliné 94
Crêpes Royal 98
Crêpes Singapur 84
Crêpe Suzette 86
Crêpes Tropicana 94
Flambierte Eiscrêpes 98
Kümmelcrêpes 66
Kräutercrêpes 65
Lothringer Speck-Crêpes 67
Normannische Crêpes 97
Neapolitanische Crêpes 75
Provenzalische Crêpes 77
Pikante Crêpestorte 84
Pariser Crêpes 76
Süße Crêpestorte 99
Würstchen im Crêpehemd 74
Zimtcrêpes 87
Zitronencrêpes 90

Omeletts — mit und ohne Schneeschlägerei 100

Andalusisches Omelett 120
Bananenschmarren 141
Baskisches Kräuteromelett 116
Berner Käseomelett 109
Blinis mit Kaviar 136
Buttermilchpfannkuchen, baltische Art 134
Buchweizenpüfferchen 133
Clafoutis 132
Elsässer Omelett 112
Feinschmeckeromelett 108
Finnischer Ofenpfannkuchen 136
Flambiertes Ofenomelett 127
Forstmeisters Schmarren 139
Fou Yong mit Bohnensprossen 153
Fou Yong mit Krebsfleisch 152
Französisches Kartoffelomelett 113
Französische Kirschpfannkuchen 132
Geflügelomelett 104
Grießschmarren 146

Haferflocken-Apfelschmarren 145
Haselnußomelett 126
Holländische Haferküchlein 132
Holländisches Ofenomelett 151
Holzhackerschmarren 140
Hummeromelett 123
Internationale Spezialitäten 131
Italienisches Omelett 106
Käseomelett aus dem Ofen 118
Käseomelett mit Erbsenfüllung 124
Kaiserschmarren 142
Korinthenküchlein 131
Krabbentortilla 149
Lothringer Omelett 106
Maisomelett 116
Obstschmarren 144
Omelett Auvergne 107
Omelette soufflé 128
Omelette soufflé mit pikanter Füllung 130
Omelett Florentiner Art 121
Omelett »Matilde« 122
Omelett mit Champignons 115
Omelett mit Erdbeerfüllung 124
Omelett mit Kirschen 125
Omelett mit Krabben 114
Omelett mit Nieren 122

Omelett mit spanischer Füllung 119
Omelett nach Forstmeisters Art 114
Omelett natur 103
Omelett Nizzaer Art 111
Omelett Savoyer Art 108
Omelett vom Mont Michel 110
Palatschinken mit Powidl 142
Pikanter Semmelschmarren 143
Pikantes Walnußomelett 104
Plinsenberg 147
Polnische Quarkküchlein 134
Portugiesisches Omelett 105
Provenzalisches Kräuteromelett 112
Quarkplinsen mit Kräutern 135
Quarkschmarren 144
Reisküchlein 148
Reisschmarren 146
Sahnepalatschinken 138
Schweizer Omelett 110
Tortilla, katalanische Art 150
Tortilla mit Möhren 150
Tortilla mit Thunfisch 148
Wiener Fleisch-Schmarren 140
Wiener Kirschen-Schmarren 137
Wiener Topfenpalatschinken 138
Wochenend-Omelett 117

Alphabetisches Register

Andalusisches Omelett 120
Apfelpfannkuchen 46
Aprikosenpfannkuchen 48

Bananenpfannkuchen 44
Bananenschmarren 141
Baskisches Kräuteromelett 116
Berner Käseomelett 109
Blinis mit Kaviar 136
Buchweizenpüfferchen 133
Buttermilchpfannkuchen 28
Buttermilchpfannkuchen, baltische Art 134

Clafoutis 132
Crêpepfannen 55
Crêpes à l'apricot 96
Crêpes à la Großmama 95
Crêpes à la Roquefort 70
Crêpes, baltische Art 68
Crêpes-Grundrezept Nr. 1 58
Crêpes-Grundrezept Nr. 2 (mit Bier) 59
Crêpes-Grundrezept Nr. 3 (mit Backpulver) 59
Crêpes-Grundrezept Nr. 4 (mit Hefe) 60
Crêpes-Grundrezept Nr. 5 (mit Mineralwasser) 60
Crêpes-Grundrezept Nr. 6 (mit Cidre) 61
Crêpes-Grundrezept Nr. 7 (mit Maismehl) 61
Crêpes-Grundrezept Nr. 8 (mit Weißwein) 62
Crêpes Guacamole 78
Crêpes, irische Art 92
Crêpes Jamaica 92
Crêpes Melba 93
Crêpes Miami 91
Crêpes Praliné 94
Crêpes Royal 98

Crêpes Singapur 84
Crêpe Suzette 86
Crêpes Tropicana 94
Crêpes mit Anchovisfüllung 66
Crêpes mit Artischockenherzen 78
Crêpes mit Brätfüllung 72
Crêpes mit Champignonfüllung 81
Crêpes mit Eierfüllung 85
Crêpes mit Geflügelleberfüllung 74
Crêpes mit Hackfleisch, bulgarische Art 76
Crêpes mit Hüttenkäse 70
Crêpes mit Ingwerbutter 88
Crêpes mit Käse 67
Crêpes mit Krabbenfüllung 68
Crêpes mit Krabbenfüllung, südfranzösische Art 69
Crêpes mit Nußbutter 88
Crêpes mit Palmitofüllung 79
Crêpes mit Pfifferlingfüllung 80
Crêpes mit Rumrosinen 96
Crêpes mit Sahnekäsecreme 72
Crêpes mit Sauce Mornay 71
Crêpes mit Schinkenfüllung 73
Crêpes mit Spargelfüllung 82
Crêpes mit Spinatfüllung 83
Crêpes mit Vanillecreme 90
Crêpes mit Zitronenbutter 89
Crêpes mit Zwiebelfüllung I 80
Crêpes mit Zwiebelfüllung II 82
Crêpeteig 54

Duisburger Eierkuchentorte 43

Eier 11
Elsässer Omelett 112

Feinschmeckeromelett 108
Fett 14
Fett zum Braten 16

Finnischer Ofenpfannkuchen 136
Flambierte Eiscrêpes 98
Flambiertes Ofenomelett 127
Flüssigkeit 12
Forstmeisters Schmarren 139
Fou Yong mit Bohnensprossen 153
Fou Yong mit Krebsfleisch 152
Französische Kirschpfannkuchen 132
Französischer Pfannkuchenauflauf 41
Französisches Kartoffelomelett 113
Früchte im Ausbackteig 52

Geflügelomelett 104
Griechische Pfannkuchen 49
Grießschmarren 146

Haferflocken-Apfelschmarren 145
Haselnußomelett 126
Hefepfannkuchen 27
Heidelbeerpfannkuchen 46
Holländische Haferküchlein 132
Holländisches Ofenomelett 151
Holzhackerschmarren 140
Hummeromelett 123

Internationale Spezialitäten 131
Italienisches Omelett 106

Käseomelett aus dem Ofen 118
Käseomelett mit Erbsenfüllung 124
Kaiserschmarren 142
Kartoffelpfannkuchen 31
Kirschpfannkuchen 48
Korinthenküchlein 131
Krabbentortilla 149
Kräutercrêpes 65
Kümmelcrêpes 66

Lothringer Omelett 106
Lothringer Speck-Crêpes 67

Maisomelett 116
Mehl 13

Neapolitanische Crêpes 75
Neapolitanische Pfannkuchen 34
Normannische Crêpes 97

Obstschmarren 144
Olivenpfannkuchen 32
Omelett Auvergne 107
Omelette soufflé 128
Omelette soufflé mit pikanter Füllung 130
Omelett Florentiner Art 121
Omelett »Matilde« 122
Omelett mit Champignons 115
Omelett mit Erdbeerfüllung 124
Omelett mit Kirschen 125
Omelett mit Krabben 114
Omelett mit Nieren 122
Omelett mit spanischer Füllung 119
Omelett nach Forstmeisters Art 114
Omelett natur 103
Omelett Nizzaer Art 111
Omelett Savoyer Art 108
Omelett vom Mont Michel 110
Orangenpfannkuchen 47

Palatschinken mit Powidl 142
Pariser Crêpes 76
Pfannkuchen Bombay 37
Pfannkuchen-Grundrezept Nr. 1 25
Pfannkuchen-Grundrezept Nr. 2, schwedische Art 26
Pfannkuchen-Grundrezept Nr. 3 26
Pfannkuchen-Grundrezept Nr. 4 Hefepfannkuchen 27
Pfannkuchen-Grundrezept Nr. 5, Buttermilchpfannkuchen 28
Pfannkuchen-Grundrezept Nr. 6, Quarkpfannkuchen 29
Pfannkuchen, italienischer Art 36
Pfannkuchen mit Apfel-Käse-Creme 50
Pfannkuchen mit Champignonfüllung 38

Pfannkuchen mit Currygulasch
  gefüllt 40
Pfannkuchen mit Edelpilzkäse 33
Pfannkuchen mit Gänseleber-
  füllung 39
Pfannkuchen mit Geflügelleber-
  füllung 38
Pfannkuchen mit kalifornischer
  Füllung 51
Pfannkuchen mit Leberwurst-
  füllung 40
Pfannkuchen mit Ragout
  bolognese 42
Pfannkuchenstrudel mit Quark-
  Apfel-Füllung 50
Pikante Crêpestorte 84
Pikanter Semmelschmarren 143
Pikantes Walnußomelett 104
Plinsenberg 147
Polnische Quarkküchlein 134
Portugiesisches Omelett 105
Provenzalische Crêpes 77
Provenzalisches Kräuteromelett
  112

Quarkpfannkuchen 29
Quarkplinsen mit Kräutern 135
Quarkschmarren 144

Reisküchlein 148
Reisschmarren 146
Rhabarberpfannkuchen 45

Sahnepalatschinken 138
Salz 14
Schweizer Omelett 110
Speckpfannkuchen 30
Spinatpfannkuchen mit Schinken-
  speck 32
Süße Crêpetorte 99
Süße Pfannkuchen/Eierkuchen 44

Tortilla, katalanische Art 150
Tortilla mit Möhren 150
Tortilla mit Thunfisch 148
Treibmittel 16

Ungarische Pfannkuchen 36

Wiener Fleisch-Schmarren 140
Wiener Kirschen-Schmarren 137
Wiener Topfenpalatschinken 138
Wochenend-Omelett 117
Würstchen im Crêpehemd 74
Würzzutaten 15

Zimtcrêpes 87
Zitronencrêpes 90
Zucchinipfannkuchen 35
Zucker 15
Zutaten 11
Zwetschgenpfannkuchen 44
Zwiebelpfannkuchen 34

Heyne Kochbücher

Die größte Kochbuchsammlung mit Spezialrezepten für jedes Gebiet der Kochkunst

Edda Meyer-Berkhout
Preiswert, schnell und lecker
4250 / DM 4,80

Anna-Maria Jung
Das Knoblauch-Kochbuch
4253 / DM 3,80

Metzler / Oster
Aal blau und erröthetes Mädchen
4255 / DM 5,80

Inge Paulus
Zaubereien vom Backblech
4257 / DM 4,80

Déda Frachon
Die Saucen der Neuen Küche
4258 / DM 4,80

Ursula Grüninger
Goldgelb überbacken
4262 / DM 3,80

Wolfram Siebecks Kochschule für Anspruchsvolle
4264 / DM 7,80

Barbara Gibbons
Kalorienarmes Schlemmen
4268 / DM 8,80

Theodor Böttiger / Ilse Froidl
Das neue Fischkochbuch
4271 / DM 7,80

Roland Göock
100 Menüs für alle Gelegenheiten
4284 / DM 5,80

Peter Frisch
Heringsrezepte
4285 / DM 4,80

Bernd Neuner-Duttenhofer
Das Vier-Jahreszeiten-Kochbuch
4286 / DM 7,80

Ilse Froidl
Kochbuch für den Mikrowellenherd
4287 / DM 4,80

Peter Reuss
Kochen mit Wildpflanzen
4292 / DM 5,80

Wilhelm Heyne Verlag München